동봉 스님의

천자문千字文
공부

동봉東峰 스님 우리말 번역 및 해설

도서출판 도반

동봉東峰 스님

강원도 횡성에서 태어나 1975년 불문에 귀의하였다. 해인사 승가대학,
중앙승가대, 동국대 불교대학원에서 공부했다.

법명은 정휴正休, 자호는 일원一圓, 법호는 동봉東峰, 아프리칸 이름
은 기포kipoo起泡다.

1993~1997년 BBS 불교방송에서 〈살며 생각하며〉, 〈자비의 전화〉 등
26개월에 걸쳐 생방송을 진행하였다.

동아프리카 탄자니아에서 52개월간 머물며 말라리아 구제 활동을 했
으며 한국 불교인으로서는 최초로 아프리카에 '학교법인 보리가람스쿨'
을 설립하였고 탄자니아 수도 다레살람에 매입한 학교 부지 35에이커
와 킬리만자로 산기슭에 개척한 부처님 도량, 사찰 부지 3에이커를 조
계종 산하 '아름다운 동행'에 기증하여 종단에서 '보리가람농업기술대
학교'를 세워 2016년 9월 개교, 운영하고 있다.

곤지암 '우리절' 창건주이자 회주로서 책, 법문, 소셜미디어 등을 통해
부처님 법을 전하고 있으며, 특히 〈기포의 새벽 편지〉 연재는 3,000회
를 넘었다. 지금은 광주 우리절 주지로서 수행자로서의 삶을 이어가고
있다.

《사바세계로 온 부처님의 편지》, 《마음을 비우게 자네가 부처야》, 《아미타경을 읽는 즐거움》, 《불교 상식 백과》, 《밀린다왕문경》, 《평상심이 도라 이르지 말라》, 《반야심경 여행》, 《법성게》, 《내비 금강경》, 《음폄바 효과》, 《시간의 발자국이 저리 깊은데》, 《동몽선습 강설》, 《디마케터 스님》 등 70여 권의 저서와 역서가 있다.

차 례

<025>

조弔민民벌伐죄罪
주周발發은殷탕湯

0097 조상 조弔

0098 백성 민民

0099 칠 벌伐

0100 허물 죄罪

백성들을 구휼하고 죄는벌한이
주나라의 발왕이며 은나라탕왕

위 글자를 우리 발음으로 읽으면
'조민벌죄吊民伐罪'이지만
중국어 발음으로 읽으면
댜오민파쭈이diaominfazui입니다.
조민벌죄와 댜오민파쭈이가
비슷한 곳이 있습니까?
민民 자 하나는 발음이 같군요.

우리나라 한문 발음은
우리나라를 일단 벗어나면
일본, 홍콩, 베트남 등을 비롯하여
한문의 종주국 중국과 타이완Taiwan에서조차
전혀 알아듣지 못하는 말입니다.

<025> 조쿠민벌伐죄罪

일본어는 '소리읽기音讀'와 더불어
'새김읽기訓讀가' 있어서
소리읽기는 우리의 한문 발음과
약간 비슷하긴 하지만
이는 소리읽기일 따름이고
새김읽기 곧 풀이읽기는 전혀 다릅니다.

0097 조상 조

弔

조상 조 弔 자에는 이처럼
입구 口 자 아래 수건 건 巾 자를 놓은
조상 조 帛 자도 있는데
이는 조 弔 자의 속자俗字입니다.
다시 말해서 같은 글자란 뜻이지요.
조 弔 자를 살펴볼까요.
이 조상 조 弔 자는 상복 巾을 입은 뒤
곡 口하는 모습을 표현한 것입니다.

지금은 거의 찾아보기 어렵지만
내 어릴 적 이야기입니다.
내가 태어나 자란 강원도에서는
집안에 누가 돌아가시면
그 돌아가신 분과 나와의 관계에서
곡哭을 하는 소리가 달라집니다.
다 같은 부모님이신데
아버지가 돌아가셨을 때와

어머니가 돌아가셨을 때 곡이 다릅니다.

아버지가 돌아가셨는데
어이, 어이 하고 울면 안 되고
어머니가 돌아가신 상 앞에서
아이고 아이고 하며 울면 안 됩니다.
아버지 상을 모신 앞에서
아이고 아이고 하며 울 곡을
어머니 영정 앞에서 낼 수도 없습니다.

참최례斬衰禮의 적용 범위는
시부모 친정부모 남편 맏아들인데
재최례齋衰禮에 쓸 수 없습니다.
재최례가 적용되는 범위는
머리글자에 중衆 자나 종從 자가
놓여 있다면 재최가 맞습니다.
상조 용어로 쓸 때는
쇠할 쇠衰 자를 '최'로 발음합니다.
마찬가지로 재최상을 당했는데
참최례를 가져다 쓸 수는 없지요.

강원도는 횡성 원주를 비롯하여

<025> 조규민民별伐죄罪

홍천 춘천 등, 영서嶺西 문화가 다르고
백두대간 줄기를 타고 흐르는
화천 인제 평창 태백 등, 마루 문화가 다르며
백두대간 동쪽에 위치한 도시들
삼척 동해 강릉 속초 고성 등
영동嶺東 문화가 다릅니다.

아버지께서는 우리에게
곡하는 법을 일러주셨습니다.
어머니는 아버지 옆에서 거드셨지요.
게다가 큰형님은 나이는 젊었지만
나보다 12년이 위였기에 두 분의 말씀을 다시
아우들에게 풀어 애기해 주곤 했습니다.

상을 당해 '복服' 입고
곡哭하는 게 다르다는 것을 들으며
신기해하기도 어려워하기도 했습니다.
아버지가 말씀하셨지요.
"소리 내어 우는 것을 곡哭이라 하고
소리 없이 우는 것을 읍泣이라 한단다."

곡은 중국에서 비롯되었으며

우리나라에서 의식화된 형태는 적어도
《쭈즈지아리朱子家禮》가 전래된 고려 중기입니다.
물론, 그 이전에도 곡은 있었으나
신라나 고려 시대 우는 스타일은
그냥 본능적이고 자연스럽게
슬픔에서 우러나오는 곡이었습니다.

조선 시대에 들어서면서
불교가 설 자리를 잃고
예의염치禮義廉恥 등 형식을 중요시 여기는
유교儒敎에 바탕을 두면서
상조 문화가 다시 정립되었습니다.
이들 내용은《쭈즈지아리》에서 가져와
울음의 형태까지 정해 놓는
이른바 박제 문화가 되어버린 것입니다.

그래도 있을 것은 있어야 합니다.
그럼 곡은 언제부터 하며
조문객은 언제부터 받을 수 있을까요.
사람이 숨이 멎음과 동시에
곡소리가 울리는 것은 원초적입니다.
장례식이 진행되는 동안

<025> 조쿠민빵벌伐죄罪

습렴襲斂이나 소렴小斂을 할 때
또는 대렴大斂할 때 곡을 합니다.
소렴과 대렴을 한데 묶은 게 습렴입니다.

습襲은 '엄습하다' '염하다'인데
'2벌 옷' 또는 '겹옷'이란 뜻입니다.
시신에게 겹옷으로 입힘이 습렴이고
입관하여 첫 옷을 입힘이 소렴입니다.
상주 측에서는 상복을 입고
처음으로 성복제를 지내고 나서
조문객을 받을 수 있습니다
의식에 따른 곡은 이제부터입니다.

조문과 문상은 약간 다릅니다.
고인故人에게 예를 갖춤이 조弔고
상주에게 슬픔을 물음이 문問이며
상주에게 상喪을 들음이 문聞이고
고인에게 예를 갖춤이 상喪입니다.

고인은 사정故이 있는 사람人일 뿐
죽은亡 분者이 아니라는 뜻에서
우리나라에서 쓰고 있는 용어인데

이토록 철학적인 말은 쉽지 않습니다.
21세기에서도 쓰는 상조 언어 중
가장 나쁜 용어를 들라면
바로 '미망인未亡人widow'입니다.

미망인이 무슨 뜻입니까?
'남편 따라 죽지 않은 사람'입니다.
부부는 '한마음' '한몸'이며
양성평등兩性平等 역사의 줄기인데
아직도 죽지 못한 '미망인'이란 말을 쓰고 있다니
부부에게 함께 쓰이는 용어라면 이해가 가겠는데
아내에게만 적용된다는 게
이게 도대체 말입니까, 뭡니까?

소렴小殮하고 난 그 다음 날
다시 한번 옷을 입히는데
이것이 다름 아닌 대렴大殮입니다.
하지만 3일장을 치르는 요즘의 경우는
말이 완전히 달라집니다.
임종한 다음날 소렴하고 성복成服한 뒤
다시 그 다음 날 대렴한다면
대렴하는 날은 발인하는 날이고

영결식과 겹치는 날입니다.

하관下棺하고 매장埋葬하는 날이고
화장火葬하여 납골納骨하는 날입니다.
지금은 의식의 간소화도 있지만
꼭 그 때문만은 아닙니다.
시간이 없습니다.
한 번에 모든 염을 다 끝냅니다.
날짜와 시간이 부족하여
대렴을 따로 할 수가 없습니다.

성복제 이후 아침저녁으로
메와 탕을 올리고 조석곡을 웁니다.
조석곡이란 아침저녁으로
상식 때 소리 내어 곡을 하거나
소리 없이 우는 읍을 말하지요.
발인發靷할 때 발인곡을 하고
장지에서, 화장장에서, 또는 납골당에서
혼백을 모시고 살던 집으로 되돌아올 때
반곡返哭을 하기도 하고
삼우제三虞祭에서는 삼우곡을 합니다.

사후 49일 동안 매주 칠칠재를 올리고
49일째에 사십구재를 올립니다.
졸곡卒哭제 대신 요즘은 백재百齋를 지냅니다.
사후 100일째 되는 날
불전에 올리는 천혼의식이 백재지요.

졸곡은 삼우재 뒤 지내는 제사로서
사후 석 달 뒤 다가오는 정일丁日이나
해일亥日을 가려서 지내는데
이때 졸곡을 한다 해서
졸곡제卒哭祭라는 말이 생겼습니다.
졸곡이란 곡哭의 마무리卒입니다.
따라서 졸곡제 이후의 제삿날
모든 곡이 사라집니다.

슬픔이 격해지면 졸곡 때까지
늘 곡을 하는 무시곡無時哭과
장례葬禮가 끝난 뒤 탈상脫喪할 때까지
그리고 소상 대상 등 제례에서도
그때그때마다 곡을 하곤 합니다.
일반적으로 하는 평곡平哭이 있고
복받쳐 터져 나오는 애곡哀哭이 있습니다.

기년복朞年服, 곧 기일에 하는 곡으로는
'아이고 아이고'가 있고
'애고 애고'하고 울기도 합니다.
이때 곡의 형태는 애곡哀哭입니다.
곡하는 대상도 구분이 다양하지요.
기년복 이상이라면 아버지와 어머니는 물론
할아버지 할머니, 큰아버지 작은아버지
그리고 형제자매가 모두 해당됩니다.

평곡은 '어이 어이' 하고
소리를 내어 곡하는 것으로써
대공大功 이하 복인服人과 친척 조문객 모두가
망인을 조상할 때 곡하는 방법으로
생각보다 널리 통용되는 곡哭입니다.

대공 소공 시마緦麻를 비롯하여
이 밖의 모든 곡을 더 세분하면
격식 차릴 경황이 없는 부모님 장례에
푸념을 섞어가며 우는 '제啼'가 있고
멍하니 눈물만 흘리는 '읍泣'이 있으며
가슴을 치며 우는 남자의 '벽곡擘哭'과

몸부림치며 우는 여인의 '용곡踊哭'과
격식을 떠나 어린아이가
엄마를 찾으며 우는 것과 같은
응애응애 우는 아곡兒哭'이 있습니다.

이 조상 조弔 자의 경우는
앞의 조상 조弔 자와는 약간 다릅니다.
이 조상 조弔 자에 담긴 뜻은
망자의 시신을 지킨다는 뜻입니다.
시신이 묻혀 있는 곳은
독수리를 비롯하여 야생동물이
앞 다투어 다가오므로
활弓에 화살ㅣ을 재어弔 들고 지키는
효성스러움을 표한 글자입니다.

옛날 예가 번거로운 건 사실입니다.
그렇다고 예가 없으면
인간의 삶은 헝클어집니다.

우리절 관음전에서는 불전결혼식이 있습니다.
내가 주례를 집전합니다만
예법을 아예 무시하고는

장엄하고 성스러움을 기대할 순 없습니다.

0098 백성 민

백성은 온갖 성바치입니다.
김씨, 박씨, 안씨, 이씨, 정씨, 홍씨 등
온갖 성바치를 통틀어 말합니다.
이들이 어디서 비롯되었을까요.
맞습니다. 여자에게서 왔습니다.
'아가씨' '색시' 하기도 하지만
사후 신위를 모실 때도 남자는 공公인데 대해
결혼한 여자는 안동 권씨, 여흥 민씨 하듯
본관 뒤에 씨氏를 붙였습니다.
"자네 성씨가 어찌 되시는가?"
라고 물었을 때 답은 부계 쪽이지요.
"네, 전주 이갑니다."
성씨가 어찌 되느냐는 물음에는
아버지 성과 어머니 씨가 포함된 질문인데

부계 쪽의 '씨' 대신, '가'로 답합니다.
어떻게 남 앞에서 씨氏를 붙이느냐
낮추어 '가哥'를 붙여야지 하면서
요즘까지도 집안의 어른이라고 하는 분들이
자녀들에게 '씨氏'를 못 붙이게 합니다.
보이지 않는 여성성의 무시입니다.
모계를 뜻하는 씨를 붙이느니
차라리 '가哥'를 쓰자는 것이지요.

각시 씨氏에서 갈라진 게 백성 민民 자입니다.
또 백성 민 자는 졸음 면眠 자와 같지요.
백성들은 잠이나 퍼질러 자는
어리석은 이들이라 보았습니다.
우민화愚民話 정책에 따라
백성들을 가르치는데 소홀했습니다.
아니, 여성 교육에 소홀했습니다.
"여자가 글은 배워 뭐해?"가
조선시대의 남존여비의 전형이었지요.

옛 분들이 《동몽선습》《계몽편》 등
교재를 통해 이 땅의 젊은이들을
깨우치고 길러냈습니다만

정작 아낙네들은 물론 소녀들까지
여인들의 공붓길은 철저히 막혔습니다.
백성 민民은 잠잘 면眠 자에서
눈 목目 자를 빼버린 글자입니다.

사람에게서 눈의 가치는
상상 밖으로 크고, 크고 큽니다.
이 총명의 상징인 눈目을
어리석은 백성民과 함께 둠으로써
잠이나 쿨쿨 퍼질러 자는 사람으로
몽매하게 만들어 간 것입니다.

백성은 어리석은 사람
잠이나 퍼질러 자는 무지렁이들
그들은 여자氏와 같은 부류
이들을 깨우치는 것도
남자는 가능한데 여자는 불가능하다니
세종대왕 '훈민정음訓民正音'에서의
훈민의 '민'도 몽매한 백성이었고
몽매한 백성은 아낙들이었고
호적에 이름 석 자 올릴 수 없는
그냥 이 땅의 그렇고 그런 여자들이었습니다.

아, 이 땅 여인들의
억울하고도 슬픈 역사여!
남자는 거대한 나무木 자가 들어간
기둥棟이고 대들보樑라 치켜세웁니다.
여자는 씨氏를 키워내는 존재이면서도
겨우 풀 초草 자나 들어간 민초民草들이라니
아! 온갖 여성百姓의 슬픈 역사여!

0099 칠 벌

"레짐 체인지Regim change?
오케이, 레짐 체인지!"

쿠데타쿰迭打kudieda였습니다.
프랑스어 쿠데타coupd'Etat
그 원조가 B.C 2,000여 년 전에
이미 중국에서 태어났습니다.

저우周Zhou의 지파姬發Jifa가 있었고
인殷Yin의 쯔뤼子履Zilu가 있었습니다.

지파는 우왕武王Wuwang이 되고
쯔뤼는 탕왕湯王Tangwang이 되었지요.
우왕은 샹商Shang의 폭군이었던
저우紂Zhou를 몰아내고
스스로 왕의 자리에 올랐으며
탕왕은 씨아夏Xia의 지에桀Jie를 치고
스스로 왕위에 올라
인殷Yin을 반석에 올려 놓았습니다.

예수님이 다녀간 역사만큼이나
예수 탄생의 역사에서
다시 한참을 거슬러 올라간 그 무렵
저우周가 저우紂를 상대로
군사 쿠데타를 일으켜 성공했고
탕湯이 지에桀를 상대로
군사 정변을 일으켜 성공했습니다.

무조건 쿠데타는 그릇되고
혁명은 무조건 정당하다는 논리는

논리 자체에 모순이 있습니다.
지금도 논란이 되는 고려 왕조
이성계 장군의 회군과 쿠데타를 통한 집권
이성계 아들 이방원의 정변과 세조의 난
단종의 자리 탈취 따위가
쿠데타이기에 잘못되었다고 합니다.

군사의 힘을 빌었으므로
절대 있어서는 안 되는 일이었지만
역사라는 시대의 물줄기는
도덕적으로만 흐르지는 않습니다.
문제는 빌미입니다.
어떤 쿠데타도 빌미가 없다면
그리 쉽사리 일어나지 않고
비록 일으키더라도 성공률은 낮습니다.

그러므로 저우周의 왕 지파는 빌미의 제공자
저우紂에게 속으로 고마움을 가졌을 것이고
쯔뤼도 씨아夏 정권의 왕이면서
난폭한 군주였던 지에桀에게
어쩌면 삼천배를 했을지도 모릅니다.
그렇다면 그러한 빌미가 주어졌을 때

누구든 군사 쿠데타를 일으켜
썩은 세력을 몰아내고 백성들을 구제함이
다 정당화되느냐 하면 꼭 그런 것은 아닙니다.

'치다伐'라는 움직씨는 사람인변亻에 썼으니
때리는 자도 맞는 자도 사람입니다.
가령 사람이 개를 때리거나
사람이 사람 이외의 것을 때렸을 때
한자로 벌伐을 쓰지는 않습니다.
칠 타打 자 따위가 있으니까 말입니다.
칠 벌伐 자는 사람인변亻에 살상용 무기를 뜻하는
창 과戈 자 하나만을 쓰고 있습니다.
그런데 창 과戈 자가 왜 이리 복잡할까요.
많은 병사들이 쭉 도열한 상태에서
들고 있는 창에 햇빛이 비추어
빛나는 모습을 이미지화한 것입니다.

아무튼 이 칠 벌伐 자는
이른바 '치다'라는 움직씨 속에
그 '움직씨'를 정당화시키려는 꼼수가
깊숙이 숨어들어 있습니다.
창으로 적의 머리를 깨부수는 것을

이미지로 나타낸 게 '칠 벌伐 '자입니다.

인류사를 들여다보면 간단합니다.

토벌討伐의 역사고

정벌征伐의 역사며

징벌懲罰의 역사입니다.

토벌과 정벌은 칠 벌伐 자이지만

징벌의 벌은 칠 벌 자를 쓰지 않고

벌줄 벌罰 자를 쓰고 있습니다.

잘못을 범한 자는 감옥罒에 가두며

말言로 고문하고 자백 받고

형구刂로써 고통을 주는 것입니다.

0100 허물 죄

罪 / 皐

석고대죄席薰待罪

거적 깔고 엎드려 벌주기를 기다림

멸죄생선滅罪生善

현재 죄장을 없애고 후세 선근을 키움

망국죄인亡國罪人

나라를 망친 죄인

무간죄보無間罪報

지옥에 떨어질 죄악과 과보

여도지죄餘桃之罪

사랑과 미움 따라 달리 받아들여짐

백배사죄百拜謝罪

수없이 절하며 용서를 비는 일

십악대죄十惡大罪

조선시대에 적용시킨 열 가지 큰 죄로서

곧 모반, 대역 도모, 반정 도모, 악역

부도덕, 불경, 불효, 불목, 불의, 내란이 있습니다.

여수동죄與受同罪

장물을 주고받는 죄는 둘 다 같음

죄지경중罪之輕重

범죄 행위의 가벼움과 무거움

죄중벌경罪重罰輕

죄는 크고 무거운데 형벌은 가벼움

공수죄괴功首罪魁

공에서도 죄에서도 으뜸이라는 뜻
죄불용사罪不容死
죄가 너무 커 죽음으로도 다 치를 수 없음
강상죄인綱常罪人
삼강 오상에 어긋나는 죄를 지은 사람
비전지죄非戰之罪
운수가 나쁘다고 발뺌하는 말입니다.

죄罪는 사회적으로 문제를 일으키고
도의에서 벗어난 행위나 생각입니다.
또한 교리와 계율을 어기며
슬기롭거나 자비롭지 못한 행위를
조장하는 죄업입니다.

죄罪는 그릇된 일非을 저질러
법망罒에 걸려드는 것입니다.
같은 뜻 다른 글자 허물 죄皐 자가
이 죄罪 자보다 먼저 쓰였는데
이는 사람이 잘못을 저지르게 되면
자신自이 먼저 느낀다는 것입니다.
스스로 느끼는 불편함辛을
표현한 것이 이 죄皐 자입니다.

그런데 이 죄皐 자가

친씨후앙秦始皇Qinshihuang의

후앙皇 자와 닮았다고 하여

소릿값이 같은 죄罪 자를 가져와

오늘날에 이르렀다고 합니다.

친씨후앙은 보통 씨후앙띠始皇帝로

더 많이 더 멀리 알려져 있는데

독재자로서의 허물도 있지만

여러 면에서 공도 많았다고 합니다.

죄란 죄罪 외에도

허물, 잘못, 과실, 재앙, 불행, 죄인, 그물

탓하다, 떠넘기다 등이 있습니다.

조민벌죄弔民伐罪와

주발은탕周發殷湯은

한데 묶을 때 이해되는 내용입니다.

<026>

조弔민民벌伐죄罪

주周발發은殷탕湯

0101 **두루 주周**

0102 **필/쏠 발發**

0103 **나라 은殷**

0104 **끓을 탕湯**

백성들을 구휼하고 죄는벌한이

주나라의 발왕이며 은나라탕왕

0101 두루 주

周

사람口의 삶과 생각은
그의 삶의 터전土을 바탕합니다.
그리고 그의 삶의 철학口이
세상으로 멀리冂 번져감입니다.
또한 주周는 말口의 쓰임새用입니다.
다시 말해서 말의 쓰임새가
후광효과後光效果Halo effect를 타고
두루 온 누리로 퍼져감입니다.

여기 《천자문》에서 주周는 나라 이름이고
고대 중국 왕조의 이름입니다.
우리 발음은 '주'이지만
중국 발음은 '저우Zhou'입니다.

열반경에서 부처님은 말씀하십니다
설산에 향초가 있는데 향기를 피우려 하지 않아도
그 향기는 삼천세계에 두루 퍼져간다고요.

향초 이름은 우담바라다 라고
그러면서 부처님께서는
"여래의 향기도 그와 같다."고 하십니다.

0102 필/쏠 발

중국인이 가장 좋아하는 글자입니다.
중국어 발음은 '파Fa'인데
여덟 팔八 자와 모양과 발음이 같아
연상작용 효과를 갖고 있습니다.
필 발發 자/ 쏠 발發 자는 필발머리癶 부수며
활弓에 화살矢을 메겨 쏘는 스포츠입니다.

필발머리癶 모양도
가운데에서 양쪽으로 퍼져나감을
대칭적으로 그리고 있습니다.
필발머리癶를 이고 있는 글자에는
등질 발癹/간 간癴/북방 계癸/오를 등登

쏠 발發/发/発/짓밟을 발發 자 등
여러 글자들이 있는데
내가 처한 자리에서
사방으로 번져나가고 있습니다.

필 발發 자는 여덟 팔八 자와 마찬가지로
숫자 8자 또한 중국인들에는
빼놓을 수 없는 행운의 숫자입니다
호텔룸 넘버, 상가, 지번, 아파트, 동수, 층수, 호수
자동차 넘버, 전화나 스마트폰 넘버 등도
8자가 들어간 것을 선호합니다.
게다가 8자를 옆으로 눕혀 놓으면
그렇습니다. 무제한의 뜻을 담고 있습니다.

중국인들은 새해 인사도
꽁시파차이恭熹發財라 하는데
꽁시는 '바라다' '희망하다'이고
파차이는 '재산이 늘다'의 뜻입니다.
구어체로 표현한다면
"그저 부디 돈 많이 버시길"이라든가
"부자 되세요."정도가 될 것입니다.

0103 나라 은

殷

갖은둥글월문殳 부수와 함께

왼쪽에 몸 신身 자를 지니고 있습니다.

이 은殷 자는 회의문자입니다.

일반적으로 '나라 은' 새김 외에

'은나라 은' '성할 은' 등으로도 새깁니다.

은殷 자에 담긴 뜻은

그랜드 뮤직Grand Music입니다.

대규모 편성의 장중한 음악이며

연주하는 모습이 풍성함을 뜻합니다.

그러나 여기서는 다른 내용입니다.

음악이 아니라 나라 이름입니다.

인殷Yin나라는 본디 시앙商 나라로서

B.C. 14세기~ B.C. 11세기에

인殷으로 도읍을 옮긴 뒤 쓴

나라 이름이면서 왕조 칭호지요.

0104 끓을 탕

湯

삼수변氵이 의미소意味素이고

볕 양昜 자는 소릿값입니다.

희한하게도 양과 탕은 우리 발음만 아니라

심지어 중국어 발음조차도

양昜Yang과 탕湯Tang으로 불립니다.

그런데 어떻게 같은 소릿값일까요?

그렇습니다. 중국어도 소릿값은 모음입니다.

물氵이 작열하는 태양昜 아래서

끓어오르고 또는 증발蒸發한다고 해서

'끓을 탕'으로 새기고 있습니다.

방금 위에서 얘기했듯이

여기 《천자문》에서는

쯔뤼가 세운 나라 이름이며

쯔뤼의 황제 칭호이기도 합니다.

이 '조민벌죄 주발은탕'을 읽으며

떠오르는 영어 단어 하나

레짐 체인지Regim change!

어쩌면 딱 맞는 말이라 생각됩니다.
저우紂의 폭정과
지에桀의 폭정이
오늘날 우리 이웃 북의 폭정과
같을까 다를까에 대해
나는 숙고하고 또 숙고해 봅니다.
레짐 체인지,
이는 남의 얘기일까
어쩌면 내 마음의 얘기일까

<027>

좌坐조朝문問도道

수垂공拱평平장章

0105 **앉을 좌坐**

0106 **아침 조朝**

0107 **물을 문問**

0108 **길 도道**

조정에서 현자에게 도를물으니
팔짱끼고 앉았지만 평화로워라

고려의 고승 보조국사 말씀입니다.
"땅에서 넘어진 자 필히 땅을 딛고 일어서리니."
넘어지는 자도 일어나는 자도
걸어가는 자도 앉아있는 자도
잠자는 자도 오가며 서며 일하는 자도
땅을 벗어나서는 불가능합니다.

땅은 모든 삶의 바탕質입니다.
이 바탕을 바탕으로 하여
뿌리根를 땅속으로 뻗어 가며
줄기幹를 땅 위로 뽑아 올립니다.
바탕을 바탕으로 솟아오른 줄기가
가지를 뻗고 잎사귀를 피우며
꽃봉오리를 달고 마침내 열매를 맺습니다.

그렇습니다. 땅에서 살아가는 생명은
잠시도 땅을 떠날 수 없습니다.
그렇다면 민물에서 사는 생명이나
바다에서 사는 생명은 어떨까요?
마찬가지로 땅을 떠날 수 없습니다.
왜냐하면 민물도 바닷물도
결국은 땅 위와 땅속을 흐르고

지구 위에 있으니까요.

첫째도 땅이고
둘째도 땅이며
셋째도 땅입니다.

0105 앉을 좌

불교에서는 행동거지를
다니고行, 머물고住, 앉고坐, 눕고臥
이야기하고語, 잠잠하고默, 움직이고動
고요하고靜 등 여덟 가지로 들고 있습니다.
그 가운데 '앉음'이 들어있지요.

내가 어느 법회에서 물었습니다.
"앉을 때 어디에 앉습니까?"
법회에 참석한 한 젊은이가
손을 번쩍 들더니

"네, 스님, 의자에 앉습니다."
한 사람이 답을 하자
긴장이 풀렸는지 답이 쏟아졌습니다.
"방석입니다."
"소파sofa입니다."
"법당입니다."

다 옳으나 한 사람의 답을 고릅니다.
"땅 위에 앉습니다!"
방석도 소파도 법당도 의자도
앉고 일어서기 편하고
옷이 더럽혀지지 않고
덜 피곤하기에 사용합니다.

앉을 좌坐 자를 놓고 보면
땅土 위에 앉는 게 맞습니다.
혼자 앉는 것이 아니라 둘씨입니다.
대지─ 위에 놓인 것은 시간 l 과 공간─입니다.
이 시간 l 과 공간─을 하나로 표현함이
플러스+ 표시이며 한문으로는 열 십十 자입니다.
대지─ 위의 시공간을 중심으로
나란히 두 사람씨이 있으니

이것이 앉을 좌坐 자의 모습입니다.

어찌하여 왜 하필이면
'서 있는 사람'이 아닌 앉아 있는 사람일까요?
지표를 표현한 한 일一 자 위로
시공간을 표현한 열 십十 자를 보면
가운데를 등받이로 하여
2개의 의자가 놓여 있습니다.
의자 위에 앉는다는 표현도
그래서 맞는 말입니다.

의자 없이 방석 위에 앉거나
방바닥에 책상다리로 앉는 것은
우리나라 온돌문화에서 기인합니다.
온돌은 방바닥이 따스하다 보니
바닥에 바로 앉더라도
냉기가 올라오지 않아 건강에 좋습니다.

그러나 중국이나 일본을 비롯하여
대체적으로 모든 나라에서는
온돌이 아니고, 냉기에 노출되고
습기가 오르고, 해충이 있을 수 있습니다.

그러므로 앉음 높이의 의자가

반드시 필요했다고 보입니다.

또 앉을 좌坐에는 이처럼

한 쪽에 입 구口 자를 놓기도 합니다.

이는 좌坐의 속자俗字로서 '대질對質하다'입니다.

관계자 양쪽을 대면시킨 자리에서

직접 얘기를 들어보는 것이지요.

0106 아침 조

朝

해日가 돋는 여명黎明입니다.

어둑어둑 밝아오는 검밝은 세계가 여명이지요.

벼禾인지, 기장黍인지, 보릿단参인지

사람人인지 분간할 수 없기勿에 여黎라 하였고

해日와 달月이 함께 보이기에 명明입니다

아침 조朝 자에도 이 의미가 고스란히 들어있지요

해日가 나뭇가지十 위로 떠오르지만

아직은 나뭇가지十를 다 벗어나지 못했고

게다가 하늘 가 한 녘에
핏기를 잃은 달月이 남아 있는 때
이때가 바로 아침입니다.

혹은 태양日을 사이에 두고
위 아래로 놓인 2개의 십十 자는
초두艹를 옆으로 뉘어놓은 것으로
풀이하는 경우도 있습니다.
이는 풀잎이 아닙니다.
태양빛을 받아 반짝 빛나는 햇살입니다.
그러나 한낮이 아닌 것은
달月을 함께 표현하고 있음이지요.

'조실부모早失父母'를 얘기할 때
나는 일찍 조早 자가 열十 살日 미만에
양친이 돌아가심을 조실부모라 풀었습니다만
여기서 아침 조朝 자의 왼쪽 소릿값을
90도 옆으로 뉘었을 때 십일십十日十이 되는데
이는 찬란하게 떠오르는 아침 햇살입니다.

예로부터 중국이나 우리나라는
신하가 임금을 알현하는 때는

불가피한 경우를 빼고는
아침이어야 한다는 규정이 있었습니다.
임금도 아침에 찾는 신하를
아무런 이유 없이 거절할 수 없었고요.
여기서 자연스레 이루어지는 게
다름 아닌 '조회朝會'였습니다
조회에서 문후問候만 오가느냐 하면
그런 게 아니었습니다.
조정 신료들이 다 모였으므로
여기서 곧바로 국무회의가 열립니다.
이를 일컬어 조정朝廷이라 하지요.

조정이란 말에서도 알 수 있듯이
특별한 경우가 아니라면
술과 음악 춤과 노래가 곁들여진
만찬보다는 조찬 모임을 가졌습니다.
조찬은 간단했습니다.
궁중요리라 하여 삼시 세끼가
다 화려한 진수성찬이 아니라
조찬은 간단했다고 나는 생각합니다.

아침형 정치스타일style에서

<027> 좌坐조朝문問도道

조정이란 말이 나왔고

궁중 살림에 관해서

교육과 문화에 관해서

백성들의 삶의 이야기와

국제정세에 관한 브리핑까지도

아침 신료들이 모인 데서 이루어졌습니다.

0107 물을 문

問

물을 문問 자는 짐작하다시피

대화口가 뜻이고 문門은 소릿값입니다.

그런데 이 소릿값에 해당하는

문門도 소릿값으로 그치지 않습니다.

문은 좌우로 열고 닫든

앞뒤로 열고 닫든

한 쪽짜리 문이 아니라

두 쪽짜리 이상의 문을 의미합니다.

천자문 이 대목에서는요

그러니까 출입할 수 있는 공간이
매우 넓은 그런 문입니다.

컨퍼런스 홀comference-hall 문은
동시에 수십 명이 드나들 수 있도록
처음부터 넓게 여러 개 설계합니다.
이 문을 열어놓고 국정을 논했습니다.
정치 경제 사회 문화를 비롯하여
제도를 이야기하고
국방을 이야기하고
관료들의 질서를 논했습니다.

문은 열고 닫음의 기능이 있습니다.
열 때는 활짝 열어 드러내지 못하는 것이 없었고
닫을 때는 그 기밀이 철저했습니다.
국가와 궁중의 지밀한 세계는
어떤 경우든 밖으로 새 나가서는 안 되었지요.
구중궁궐九重宮闕이 무슨 뜻입니까.
9겹으로 가리고 가려진 기밀세계 아니던가요?

0108 길 도

道

도道는 그냥 길이었습니다.

이 의미를 심장深長하게 만들어

타오이즘道敎taoism으로 승화시켜

엄청난 것처럼 얘기를 하곤 합니다만

그냥 길일 뿐입니다.

그러나 여기서 그치면 문文이 못 되지요.

문화는 바로 여기서 태동합니다.

도道에 담긴 뜻은 간단합니다.

가장 우선권首을 두고

실천하고 걸어갈辶 길입니다.

사람의 삶에서 우선권을 둘 것이

유교를 기본이념으로 한다면

오상五常과 삼강三綱일 것이고

불교의 입장에서 본다면

팔정도와 육바라밀일 것이며

도교를 근간으로 한다면

도와 덕의 가르침이지요.
물론 오늘날 우리나라처럼
모든 종교를 인정하는 사회에서는
그에 따른 지침이 있을 것입니다.

그러나 어떤 이념을 가지든
반드시 다 함께 이루어갈 것은
이 땅에서 살아가는 우리 국민들이
마음 놓고 생업에 종사할 수 있는
정치 경제 치안 국방 등이
원활하고 튼튼해야 할 것입니다.

도가 아무리 소중하더라도
먹고 입고 오가고 쉴 곳이 없다면
한마디로 경제가 엉망이라면
우선순위일 수 없습니다.
도가 비록 소중하다 해도
정치 지도자들이 제 할 일 하지 않고
국민들이 함께 살아야 할 제도도
나 몰라라 해서야 되겠습니까?
정치는 나와 무관한 게 아니라
가장 먼저 관심을 갖고

지켜보아야 합니다.

치안이 엉망이고
국방이 튼튼하지 못하다면
땅거미가 내려앉은 뒤
미국 뉴욕의 할렘가를 홀로 걸어가듯
불안하기 짝이 없을 것이고
임진왜란을 비롯하여
일제강점기 같은 치욕의 역사를
다시 만나지 않으리라
보장할 수 없을 것입니다.

따라서 우선首 순위를 두고
차분히 슬기롭게 걸어갈辶 길은
실생활도 포함되어 있다는 사실입니다.
그래서 쓰는 말이 있습니다
'도돈불이道돈不二'라고 말입니다.
도 닦고 경제활동 하는 것
2가지가 결국 하나라는 것이지요.

나의 이 얘기 속에는 국민을 위해 정치를 하고
함께 잘살기 위해 경제를 하고

치안하고 국방을 담당하고
법을 만들고 하는 모든 지도자들이
그들 마음속에 하루 단 3분 동안이라도
육바라밀을 생각하기를 바랍니다.

(1) 작지만 함께 나누고
(2) 멋진 매너를 지니고
(3) 좀 더 양보하고
(4) 더 깊이 연구하고
(5) 내면의 세계를 돌아보고
(6) 슬기롭게 철학하기입니다.

앉을 좌坐/아침 조朝/물을 문問/길 도道

"조정에 앉아 도를 묻다."
"일과 도는 둘이 아니다."

아무리 생각해 보더라도
이보다 멋진 정치철학이 있을까 싶습니다.

<028>

좌坐조朝문問도道

수垂공拱평平장章

0109 **드리울 수**垂

0110 **꽂을 공**拱

0111 **평평할 평**平

0112 **글장 장**章

조정에서 현자에게 도를물으니
팔짱끼고 앉았지만 평화로워라

0109 드리울 수

드리울 수垂 자에는 많은 뜻이 들어 있습니다.
첫째, 드리움垂의 방향이 땅土입니다.
늘 얘기하듯 땅土이란 대지 지평선一 위로
풀艹과 나무十가 자라고 있습니다.
풀과 나무가 자라지만
결국 이파리와 가지를 드리우고
그림자를 드리우는 곳은 땅이지요.

둘째, 드리움垂에서 볼 수 있는 것은
이른바 다양성千thousand입니다.
다양성을 나타내는 일천 천千 자도
열 십十 자 위에 기하학ノ의 세계를 보탠 것입니다.
기하幾何geometry가 무엇입니까?
3차원3Dimension 세계입니다.
시간ㅣ과 더불어 공간一의 통째입니다.

셋째, 드리움垂에서는

지오메트리의 지오에 해당하는 땅土과

3차원 세계를 10의 세제곱으로 표현하고 있습니다.

이것이 드리울 수垂 자 허리에 가로 놓인

3개의 열 십十 자인 셈이지요.

시간의 시간 공간 인간

공간의 시간 공간 인간

인간의 시간 공간 인간

이들 시공간과 인간의 사이間Inter 세계는

끊임없는 중첩重疊으로 퍼져 나갑니다.

1의 첫 10의 3제곱이 1천이고

1천의 10의 3제곱은 1백만이며

1백만의 10의 3제곱은 10억이고

10억의 10의 3제곱은 무릇 1조입니다.

끊임없이 이어지는 10의 3제곱

프렉탈 기하학fractal geometry입니다.

우리 불교에서는 이렇게 말합니다.

"중생들은 복이 박하다

전생부터 지은 복이 없고

금생에는 복 짓는 일에 소홀하다.

오히려 업장을 짓다 보니

중생에게 수음복垂陰福이 없다면
세세생생 중생의 몸을 벗는 게
그리 쉬운 것이 아니다.
그러므로 우리 부처님께서는
당신의 정명定命 백세 공덕을 툭 잘라
20년 수음의 덕을 중생에게 주시고
80세에 대열반에 드셨다.
따라서 우리 중생들이
그나마 이 정도로 살아가는 것은
다 부처님의 수음덕垂陰德이다."라고요.

이 수垂 자는 수埀의 본자입니다.
부수는 흙토土 부에 들어가며
총 8획에 해당되지요.
수埀는 소릿값을 나타내는 동시에
치안治安이 안 되는 변경邊境이지요.
변경이 무엇입니까? 나라의 국경 지대입니다.
따라서 아주 먼 변방입니다.

초목의 꽃이나 나뭇잎이
축 늘어진 모양을 본뜬 글자로써
'드리우다'의 뜻을 갖고 있습니다.

이 밖에도 늘어뜨리다, 기울다, 쏟다, 전하다
항아리, 가, 가장자리, 변두리, 거의
후세에 물려주다, 일을 차리어 벌이다
도와주어 혜택을 받게 하다 등등입니다.

0110 팔짱낄 공/두 손 맞잡을 공

팔짱을 끼다, 두 손을 맞잡다
팔짱을 높이 끼다高拱처럼 이 공拱 자는
육체 근로자가 아닌 정신 근로자를 뜻합니다.

이 팔짱낄 공拱 자에는 위의 뜻 외에
두르다, 껴안다, 거두다, 가지다 따위가 있습니다.

팔짱을 낀다는 표현 속에는
2가지가 있을 수 있는데
첫째는 연인끼리 팔짱을 끼는 것이고
둘째는 혼자 끼는 팔짱입니다.

이 천자문에서는 혼자 끼는 것이지요.
여기에는 아무 일도 하지 않는다는
교만과 게으름이 들어 있지만
반드시 그런 것만은 아닙니다.

조정에 앉아 도를 묻는다 했는데
도를 묻는 자가 누구입니까?
국정 최고 책임자로서 저우周Zhou의 황제고
인般Yin의 천자가 아닙니까?
이들은 힘의 지존입니다
어찌 보면 으레 교만이 넘치는 자리지요.

그런데 바로 이 천자天子가
이 그레이트 파우어인 황제皇帝가
조정에서 조정을 주재하고 있습니다.
곧 대통령이 국무회의를 여는 것입니다.
이 자리에서 천자, 대통령이
조정 대신들에게 도를 묻습니다.
훈화하는 것이 아니라 도를 묻고 있습니다.

이런 천자, 이런 대통령은
팔짱을 끼고 있어도

<028> 수垂공拱평平장章

교만하지 않고 게으르지 않습니다.
이런 황제, 이런 주석主席은
팔짱끼는 그 자체가 평범입니다.
팔짱을 낀다는 말 속에
일하지 않는다는 뜻도 들어있지만
나라 살림살이는 고루 챙기되
공물은 챙기지 않는다는 뜻이 담겨 있습니다.

조정에 앉아 도를 묻는다는 단순한 한마디에
일을 하면서도 늘 내면을 살피는
철학하는 황제를 생각할 수 있듯이
팔짱을 낀다는 이 한마디에서도
전체를 한꺼번에 고루 살피려는
사색하는 지도자의 이미지가 드러납니다.

이 팔짱낄 공拱 자는
두 손을 맞잡는 뜻으로 새기기도 하지요
두 손을 맞잡는다는 것은
아랫사람이 윗사람을 향해
지고의 예를 갖출 때의 모습입니다.
이를 '공수拱手'라고 합니다.
팔짱끼는 모습과는 정 반대지요.

같은 공拱이라는 글자를 놓고도
이처럼 전혀 다른 해석이 가능할 때
글과 말 속에 담긴 마음의 세계
느낌의 커뮤니케이션이란 게 한문이라 해서
예외는 아니구나 하는 생각을 갖습니다.

0111 평평할 평

방패 간干 자 부수에 나오는 단어
이 평평할 평平 자 만큼이나
다양하면서도 많이 쓰이는 글자가
그리 흔하지는 않을 것입니다.
우리가 쓰는 평화라는 단어를
중국어에서는 '허핑和平Heping'이라 하여
표기도 발음도 바꾸어 쓰지만
뜻까지 바뀌지는 않습니다.

그만큼 평평할 평平 자는
특별하면서도 특별하지 않은
그리하여 모든 것에 골고루 적용되는 언어
그런 글자라고 보면 좋습니다.
이 평平 자는 방패 간干 자에
여덟 팔八 자를 쓴 것으로
중국인들이 가장 좋아하는 글자지요.
평平 자가 좋은 게 아니라
이 평平 자 속의 팔八 자 때문입니다.

좌우로 번져나가고
현재보다 아래로 내려갈수록
점점 확대되는 팔八 자 속에는
내게서 자식에게로 자식에서 손자에게로
이어지는 집안의 융성을 생각함입니다.
또한 지금보다 더 나은
내일에 대한 기대치가 담겨 있지요.

이 평평할 평平 자는
마음이나 사물의 세계에서는
'평'으로 발음하고 있습니다.
그러나 '다스리다' '관리하다' '나누다' 등과

'골고루 다스려지다' 등의 경우에는
평이 아니라 '편'이라 발음합니다.
따라서 뒤에 오는 글장 장章 자와
연계시켜 읽을 때는 '평장'이 아니라
'편장'으로 읽는 게 맞습니다.
그러나 아직까지 나는
편장으로 읽는 것을 보지 못했습니다.
그만큼 관습도 중요하다는 것이겠지요.

0112 글장 장

<028> 수화공拱평주장章

첫째 글장 장章 음악의 한 곡이고
한 악장을 뜻합니다.
이것이 책이나 보고서에서
논문에서 성서에서, 역사에서
챕터chapter로 쓰이고 있지만
기원은 음악에서 비롯된 것입니다.

글장 장章 자가 소리음音 아래에
열 십十 자를 놓았는데
음音은 언어曰의 입체감立이고
십十은 시공간을 묶어 표현함입니다.
이를테면 자연수의 궁극이지요.
따라서 장章은 음악의 완결을 뜻합니다.

둘째 글장 장章은 부지런함입니다.
아침 일찍早 일어난立 사람이
밝은 햇살日을 받으며 일터로 나감입니다.
앞의 던지는 송頌이 앉음坐이었다면
여기서 받는 게偈는 곧 섬立입니다.
좌조문도의 좌坐와
수공평장의 장章은
앉고, 일어서고, 일어서고, 앉고
삶에 있어서 잘 어울리는 단짝입니다.

<029>

애愛육育여黎수首

신臣복伏융戎강羌

0113 **사랑 애愛**

0114 **기를 육育**

0115 **검을 여黎**

0116 **머리 수首**

백성들을 사랑하여 교육힘쓰니

오랑캐도 신하로써 복종을하고

"머리 검은 짐승은 구제 말란다."

"머리 검은 고양이 귀해 말라."

"머리 검은 짐승은 남의 공을 모른다."

"머리 큰 양반 발 큰 도적놈."

"머리가 모시 바구니가 되었다."

어렸을 때 어머니로부터

머리 검은 짐승 이야기를 듣고는

왜 머리 검은 사람이 아니고

머리 검은 짐승이라 할까 하고는 고민했지요.

그러나 시원한 답은 없었습니다.

머리 검은 짐승이 사람이라는 것은

대충 짐작은 하고 있었지만

남에게 배신을 당했을 때

느끼는 좌절감에서 나온 말입니다.

"으이그, 저 여수黎首!"

"여수 같은 놈."

나는 이렇게 알고 있었고

내가 짐작하고 있는 뜻을 얘기했더니

"아이고! 스님, 그 여수는 그런 게 아니고

꼭 하는 짓이 여우 같다는 뜻입니다."

내가 되물었지요.
"그래요? 그게 그런 뜻이었습니까?"

여수를 달리 검수黔首라고도 하는데
글자와 소릿값은 다르나
드러내고자 하는 의미는 같습니다.
예로부터 벼슬하는 이와 벼슬하지 않는 이는
어떤 옷을 입었는가도 중요했고
어떤 품새 어떤 빛깔이냐에 따라
그의 신분이 확연히 드러났습니다.

하지만 무엇보다 중요한 것은
머리를 어떻게 꾸몄으며 어떤 갓을 쓰고
어떤 헤어스타일에 무슨 비녀일까이지요.
몸에 입는 옷 못지않게 머리가 그(녀)를 나타내니까요.
왜 거추장스럽게 머리에 꾸밀까요?
바로 머리이기 때문입니다

머리 검은 짐승이란 벼슬하지 않은 사람입니다.
벼슬을 하지 않는 까닭에
몸에 걸치는 옷도 단색이었으며
머리에는 어떤 것도 쓰지 않았기에

검을 여黎 머리 수首 여수였고
검을 검黔 머리 수首 검수였습니다.
벼슬하는 사람은 신분과 직위를
관官으로써 나타냈지만
벼슬하지 않는 사람은 맨머리였습니다.
온성바치百姓가 아니라 흰성바치白姓였습니다.

관官을 '벼슬 관'이라 새기고
벼슬을 감투라 하듯 머리에 표시하는 것은
사람에게서는 머리가 중요한 까닭입니다.
머리의 크기는 전체 몸의 크기의
8분의 1에 해당합니다.
팔등신이란 말은 불상에서 온 말인데
머리와 몸의 황금 비율은 본디 1대 7입니다.

부처님 상호相好를 팔등신 비율로 조성하는데
서가모니 부처님은 물론이려니와
아미타불도 미륵여래도
비로자나불 약사유리광여래도
관세음보살과 더 나아가 지장보살까지도
황금비율인 팔등신으로 조성됩니다.
사람 체격의 가장 이상적인 비율이

바로 팔등신인 까닭입니다.

이 '등신等身'이란 말에는
'닮은等 몸身' '비슷한 몸'이란 뜻이 들어있는데
무엇과 닮고 무엇과 비슷한 몸이겠습니까?
네, 살아있을 때의 모습
살아있을 때의 체격과 비슷함입니다.
그러므로 영어에서도 등신을
라이프 사이즈Life-size라 표현하지요.

살아있는 몸은 균형을 이루지만
숨이 멎고 시간이 흐르면서
몸의 균형은 깨집니다.
아무리 먹음직스런 망고mango도
시간이 흘러 부패되기 시작하면
그야말로 삽시간에 문드러지고 맙니다.
망고로서의 황금비율은 아예 사라지지요.

몸과 머리의 가장 이상적이고
가장 건강한 황금비는
불 보살상에서 온 비율의 법칙처럼
얼굴 몸통 팔 다리 등 전체를

여덟 등분八等分으로 나누었을 때

7 : 1 또는 1 : 7의 비율입니다

그런데 더욱 재미있는 것은

머리와 몸의 비가 1 : 7이기는 하나

실제로 무게를 달았을 때는

1 : 8 또는 1 : 9의 비율이라 합니다.

그럼에도 불구하고 조각 작품 중에서

가장 예술적이고 이상적이라는 석굴암 불상이

1대 7의 비율로 보이는 것은 참배자能拜者의 시각이

참배 받는 불상所拜像으로 더불어

기하학의 구조를 이루기 때문입니다.

위에서 "머리 큰 양반 발 큰 도적놈"이란

속담을 나는 언급했습니다.

이 속담 한마디에서 챙길 게 있는데

머리가 크다는 것은

두뇌도 크다는 결론이 나옵니다.

아무튼 사람뿐만 아니라

이 세상 모든 생명붙이에게 있어서

머리가 소중하기에

머리에 신분을 드러내려 한 것입니다.

혹 어떤 학자들은 말합니다.
'여수黎首'는 서민들이 뙤약볕 아래서 일하고
 집짓고 장사하고 농사짓고 하다 보니까
 얼굴 피부가 검어졌기 때문"이라고

나는 반박 자료를 찾지 못했고
그럴 생각이 아예 없습니다.
이유는 틀린 말이 아닌 까닭입니다.
옛날 사람들은 벼슬이 없는 평민이라면
함부로 감투를 얹어보지 않았고
기껏 삿갓이나 초립草笠 정도이었지요.

0113 사랑 애

사랑이란 나눔입니다.
나눔은 줌만이 아니고
나눔은 받음만이 아닙니다.
마음心으로 서로 주고 받음愛입니다.

만의 하나 사랑이 줌뿐이라면

받는 사람이 없을 것이고

사랑이 받음뿐이라면

줄 사람이 없을 것입니다

사람들은 곧잘 말합니다.

사랑은 아낌없이 주는 것이라고—

맞는 말임과 동시에 모순된 말입니다.

이 논리가 맞아떨어지려면

고마운 마음 기쁜 마음으로

반드시 받는 사람이 있어야 합니다.

그리고 여기에 주고받음이라는

이른바 매개가 반드시 있어야 합니다.

그 매개가 마음입니다.

따라서 사랑과 관련된 말에는

반드시 마음의 표시 /心/忄가 있습니다.

마음이 빠져 있는 사랑은

배터리 없는 자동차며

방전된 스마트폰입니다

마음이 담기지 않은 사랑은

거기에 다만 우상이 있을 뿐입니다.

사랑 애愛 자에 담긴 뜻은 마음心이 핵심이면서
베푸는 사람의 겸손夊도 중요하고
받는 이의 고마움도 소중한 구조입니다.
데이터를 보내고 싶지만
이를 받을 사람이 있어야 하고
주고받는 데 반드시 필요한
단말기가 있어야 가능한 일입니다.

0114 기를 육

<029> 애愛 육育여黎수首

'기르다'가 남움직씨라면
'자라다'는 제움직씨입니다.
이 두 가지 움직씨는 하나입니다.
부모 입장에서 얘기합니다.
"내가 너희를 어떻게 길렀는데_"
이 말을 들은 자녀는 속으로 답합니다.
"기르신 게 아니라 자랐지요."

선생님 입장에서는 분명 가르침인데
학생 입장에서는 배움입니다.
가르침과 배움의 관계는 어떨까요.
둘은 떨어질 수 없습니다.
엄마 아빠 선생님이 없이
스스로 자라는 자녀도 없거니와
절로 배우는 학생도 없습니다.
또한 자랄 자녀가 없으면
부모의 기름은 의미가 없고
배울 제자들이 없다면
가르칠 선생님의 자리가 없어집니다.

부모 소임은 낳음에서 끝이 아니고
자녀가 온전하게 성장하도록
가르침으로 이어져야 합니다.
선생님도 마찬가지입니다
제자를 많이 두는 것도 좋지만
그 제자가 바른 길로 걸어가도록
끝까지 사랑의 끈을 놓지 않음입니다.

0115 검을 여

'검다'는 뜻 이전에 이 여黎 자는 벼禾와

기장黍과 보리麥를 구분할 수 없을勿 정도로

칠흑黍같이 어둡다 하여

검다는 그림씨가 붙여지게 되었습니다.

나는 앞서 여명黎明을 설명하면서

검밝음이라 표현했습니다.

밝음을 간직한 어둠이지요.

칠흑같이 어둡다고 했습니다만

'해돋이에 얼어 죽는다'는 속담처럼

먼동 트는 여명黎明이 실제로는 가장 어둡습니다.

어찌하여 그럴까요?

밝음을 기다리는 조급함에서 오는

심리적인 어둠일까요. 그렇지 않습니다.

심리적인 게 아니라 이는 과학이고 물리학입니다.

명순응明順應과 암순응暗順應 효과입니다.

밝음은 계속해서 밝아 있으려 하고

어둠은 계속 어두워 있으려 하는
관성의 법칙까지 곁들여진
암순응과 명순응의 법칙입니다.

0116 머리 수

머리카락ㅛ이 머리 위에 있을 때 머리 수首라 하고,
머리카락ㅅ이 얼굴 아래 있을 때 머리 혈頁이라 합니다.
머리 혈頁의 머리카락이 아래로 붙은 것은 턱수염이지요.
곧 얼굴 위에 있으면 머리카락이고
얼굴 아래 있으면 수염입니다

머리 수首 자의 초두ㅛ 아래
스스로 자自 자를 코 비鼻 자가 아닌
눈 목目 자로 새기는 이도 있는데
금문金文에 따르면
눈이 하나밖에 없는 게 아쉽기는 하나
나름대로 설득력이 있습니다.

얼굴에 하나밖에 없기에 나는 코 비鼻 자로 봅니다.

코를 뜻하는 코 비鼻 자와

스스로 자自는 같은 의미입니다.

코 비鼻 자는 콧등自을 타고 내려와

그 아래에 두 개의 콧구멍과

이가 가지런한 입을 밭 전田 자로 표현했고

그 밭 전田 자 아래 스물 입卄 자는

턱수염을 표현한 것입니다.

여자들에게는 턱수염은 고사하고

콧수염도 없지 않느냐고요?

"ㅎㅎㅎ"

천자문 이 대목을 다시 보겠습니다.

"백성들을 사랑하여 양육함이여!"

제국의 황제가 오로지 백성들의 교육을 위해

자기 자녀를 기르듯 마음 쓴다면

태평성대는 불을 보듯 확실하겠지요!

교육은 백년대계가 아닙니다.

교육은 만년대계입니다.

사랑은 주고받음이 아닙니다.

영원히 손잡고 함께 걸어감입니다.

030

애愛육育여黎수首
신臣복伏융戎강羌

0117 **신하 신臣**

0118 **엎드릴 복伏**

0119 **되 융戎**

0120 **되 강羌**

백성들을 사랑하여 교육힘쓰니
오랑캐도 신하로써 복종을하고

어렸을 때입니다.

천자문을 읽어가다

이 대목에서 나는 책을 덮었습니다.

이만롱띠夷蠻戎狄 때문이었습니다.

이들 이만롱띠가 새김말로는

오랑캐 이, 오랑캐 만, 오랑캐 융, 오랑캐 적인데

오랑캐라는 말이 괜히 싫었습니다.

'오랑캐'라고 하면 가장 먼저 떠오르는 게

무식이고 포악이고 야만이었습니다.

두 번째로는 오랑우탄이었지요.

거기서 끝나는 게 아니라

'캐'라는 말이 뒤에 붙어

느낌은 이리 승냥이 늑대였으며

사람에게 달려드는 미친개였습니다.

외상trauma 때문이었을 것입니다.

나는 외상이 3가지가 있는데

첫째는 물이고

둘째는 사나운 개며

셋째는 난폭 운전입니다

난폭 운전은 나의 운전이 아니라

나 말고 다른 이의 난폭 운전입니다.

030 신복융적가美

물을 싫어하는 이유는 초등학교 1학년 때와
해인사 시절로 한참을 거슬러 올라갑니다.
나는 1961년 4월 초 9살에 학교에 들어갔습니다.
말은 9살인데 발육이 부진하여
한 살 적은 8살 또래들보다도
키와 덩치에서 되레 더 작았습니다.

당시 내 기억으로는 횡성 갑천면 상대리에 있는
금성국민학교는 어린이가 꽤 많았습니다.
전교생이 300명 안팎이었고
갓 입학한 1학년 어린이가
60명은 족히 되었던 것으로 생각납니다.
수업이 끝나고 쉬는 시간이면
가장 먼저 달려가는 곳이 화장실입니다.

그때 그 학교 남자 어린이 화장실은
시멘트로 직사각의 오줌 탱크를 만들었고
어린이들의 안전을 위해
가슴 높이의 가로 막대를 설치했는데
여러 명이 한꺼번에 몰리다 보니
엄청난 무게가 실렸고 가로 막대 못이 빠지면서
나는 오줌 탱크로 풍덩 빠졌습니다.

아! 지금 생각해도 오줌을 참 많이 마셨습니다.
나중에 알았지만 그때는 그게 이해가 가지 않았지요.
그 많은 아이들이 함께 기댔는데
왜 나만 빠졌을까 하고요.
아이들이 박수를 치고 키득거리는데
아둔한 나는 몰랐습니다.

나와 같은 반 여자 어린이가
남자 변소 오줌 탱크로 뛰어들었습니다.
그녀는 11살에 입학했고
혼자 책상을 차지하던 중 4월에 내가 들어오자
나와 같은 책상을 쓰게 되었습니다.
그런데 어떻게 여자 어린이가
남자 화장실에 들어왔느냐고요?

화장실 가운데를 통로로 하여
한쪽은 남자 어린이들 소변 보는 곳이고
남자 칸이 두서너 개 있기는 있었으나
한쪽은 여자 화장실이었습니다.
마침 나의 비명과 함께 아이들 낄낄거리는 소리에
볼일 보러 들어오다가 그대로 몸을 던진 것입니다.

아이들 웃음소리는 거기서 그쳤고

그제서야 모두들 팔을 뻗어

나와 그녀를 건져 내었습니다.

짝꿍은 나를 데리고

학교 앞 개울가로 데리고 나가

내 옷을 벗기고 빨래를 해 주었습니다.

그로부터 나는 물을 무서워하여

깊은 곳은 아예 가까이하지 않았지요.

그리고 24살 되던 1976년 여름이었습니다.

해인사 도반들과 홍류동 계곡에서 멱을 감았습니다.

내가 물을 무서워하자 한 스님이

소용돌이치고 있는 소沼로 나를 밀어 넣었습니다.

나는 또 물을 먹었고, 밖으로 머리를 내밀면

내미는 족족 계속해서 나를 내리눌렀습니다.

나는 또 한 번 죽음의 문턱에서

아티피셜 브리씽artificial breathing

곧 인공호흡을 통해 소생했지요.

어쩌면 초등학교 어린이도 아니고

20세를 훌쩍 넘긴 성인들이

그것도 불제자라 자칭하는 스님들이

그런 장난을 해서 되겠습니까.
나중에 장난 친 스님들이
인공호흡으로 나를 살리기는 했지만
그 뒤로 나는 지금까지 멱 감기도 싫어하고
목욕탕도 해수욕장도 잘 가지 않습니다.

둘째 사나운 개에게 물린 경험이
나로 하여금 평생 개를 사랑할 수 없게 하였지요.
심지어 스리랑카 중부도시 캔디kandy에 있는
현지인 사찰에서 23일 간 머물 때
잘 사귀던 그 절의 개가 느닷없이
내 오른손 손등을 가가가각 물어뜯는 바람에
병원과 약국을 여러 번 오갔습니다.

셋째 자동차 사고에 대한 외상입니다.
지금까지 나는 3번의 크고 작은 사고가 있었는데
모두 다른 사람이 운전하는 차에서
동행했다가 일어난 사고였습니다.
한 번은 어깻죽지를 다치는 선이었지만
두 번은 모두 죽음의 문턱에서 살아났지요.

나의 스승 고암대종사께서는

미주 순회법회 중 일어난 교통사고로
마침내 열반에 드셨고
내 어머니 역시 세 번의 교통사고로
여생을 힘들어하시다가
끝내 세상을 하직하고 마셨습니다.

오랑캐와 오랑우탄, 오랑캐와 사나운 개가
실제 광견병狂犬病과는 무관합니다.
그럼에도 불구하고 연상 작용이라는 심리로 인해
더 이상 천자문을 읽을 수 없었습니다.
옛날 우리 고구려를 비롯하여
치단주契丹族거란Qidanzu와
뉘젠주女眞族Nuzhenzu
게다가 일본까지 묶어
똥이東夷Dongyi로 표현했습니다
한족에서 보았을 때 극동에 위치한 오랑캐지요.
그런데 오랑캐가 뭡니까, 오랑캐가!

중국의 한족 입장에서 보면
위구르족인 씨롱주西戎族Xirongzu
티베트족인 치앙주羌族Qiangzu
미얀마 베트남 등을 포함한 난만주南蠻族Nanmanzu

몽골족이라든가 씨옹누주凶奴族Xiongnuzu 등
베이띠주北狄族Beidizu가 다 오랑캐라는 뜻입니다.
실제 오랑캐라 불렀고 또 그렇게 표기했습니다.

그러던 내가 천자문에 관심을 갖게 된 것은
아프리카에 머물면서였습니다.
중국 한족의 입장에서라면
아프리카 부족들도 결국 오랑캐입니다.
이처럼 착한 사람들이 오랑캐라니
도저히 말도 안 되는 것이었고
여기 대응되는 법칙이 있었지요.
이른바 '무학효과'였습니다.

돼지의 눈에는 돼지만 보이고
보살의 눈에는 오직 보살만 보이듯이
오랑캐 눈에는 언제나 오랑캐만 보일 뿐입니다.
중국 국민의 90% 이상이 한족漢族들인데
그대로 다들 오랑캐인 까닭입니다.

0117 신하 신

臣

신하臣下란 군주君主를 중심으로
군주의 뜻이 나라백성國民들에게 전해지고
나라백성들의 생각이 군주에게 전달되어
나랏집國家과 나라백성 하나로 소통되는
커뮤니케이션의 역할 담당입니다.
정부 고급 관료로부터
모든 공무원에 이르기까지
옛 언어로 표현한다면 다 신하입니다.

신하 신臣 자를 오른쪽으로
90°로 돌리면 얼굴冂이 있고
가운데 코ㄩ가 길게 늘어져 있습니다.
코 양쪽으로는 눈ㅡㅡ이 그려져 있습니다.
이 얼굴을 정면으로 두지 않고
왼쪽으로 90° 꺾어 놓은 것은
주군에 대한 예를 표함인데
여기에는 복종의 뜻이 담겨 있습니다.

伏

사람 인亻변에 개 견犬 자를 써서
사람이 개처럼 엎드린다는 뜻입니다.
사람은 직립보행의 존재지요.
실제 사람을 제외하고
직립보행하는 생명붙이는 없습니다.
이는 사람이 어떤 생명과도 다른
인간이 인간일 수 있는 특징입니다.

축생의 우리말은 짐승입니다.
짐승의 옛말이 즘생이고, 즘생의 옛말은 중생입니다.
그러므로 오늘날 우리가 인간을 일컬어
동물, 곧 고등동물이라 하는 게
어원이 중생에서 비롯된 것입니다.

짐승의 다른 이름이 방생傍生이지요.
방생에는 두 가지가 있는데
방생放生은 죽을 목숨을 살려줌이고

방생傍生은 옆으로 기어다니는 중생입니다.
사람처럼 직립보행이 아니라면
모든 생명은 다 엎드려 걷습니다.
소, 돼지, 말, 개, 양, 닭, 오리도 엎드려 걷고
뱀, 지네, 거북이, 곤충도 모두 그렇습니다.
이들을 옆으로, 엎드려 걷는다 해서 방생입니다.

따라서 사람의 얼굴이 반듯하게 서 있는 게 아니라
방생처럼 만일 옆으로 누워있다면
이는 엎드린다는 뜻입니다.
꼭 나쁜 뜻의 '개처럼'은 아닙니다.
글자를 파자하다 보니까요.

0119 되 융, 0120 되 강

戎羌

이들 두 글자에 대해서는
이미 앞에서 자세히 말씀드렸지요.
'되'라는 말은 우리나라에서

중국인을 비하하는 말입니다.
'되놈'은 일본인을 '왜놈'이라 하듯
그렇게 낮추어 부르는 것일 뿐입니다.

중국은 북쪽에 위치하므로
북쪽을 뒷쪽, 북풍을 된바람이라 하듯
그렇게 부른 게 되놈이 되었고
왜놈은 옛날 일본인은 키가 작아
난장이 왜矮를 써서 '왜놈'이라 하다가
아예 왜나라 왜倭 자가 된 것입니다.

동이夷, 서융戎, 남만蠻, 북적狄이라는
소위 이만롱띠夷蠻戎狄에는
그들 부족들의 특성이 담겨 있습니다.
이夷는 큰 대大 자와 활 궁弓 자로
큰 화살을 잘 쏘는 부족이었고
롱戎은 창 과戈 자에 열 십十 자로
활과 창을 비롯하여
모든 병장기를 잘 다루었던 부족입니다.

만蠻은 야만족이라 할 때 바로 그 '만'자인데
벌레훼虫가 들어간 것으로 보아

뱀을 숭배하는 부족이든가

또는 뱀을 잘 다루는 민족이었지요.

중국 남부 더운 지역에서는

뱀을 비롯한 파충류들이 많고

분명 이들을 잘 다루었을 것입니다.

띠狄는 개사슴록변犭에 불 화火 자로

파자해 보면 성격이 불같이 급하고

말이나 개를 잘 다루는 민족입니다.

칭기즈칸이 성격이 급했다지요.

성격이 급한 사람도 장점은 있습니다.

뒤끝이 깨끗하다는 것입니다.

그리고 이 천자문에 나오는 치앙羌은

티베트西藏Tibet인을 얘기합니다.

중국은 티베트를 씨장西藏Xizang이라 합니다.

씨장의 장藏과 치앙羌은 모음이 같습니다.

마치 경상도를 경상도 이외의 분들은

다들 '경상도'라 바르게 발음하는데

정작 경상도가 고향인 분들은 '겡상도'라 하듯

장과 치앙은 발음만 달리하는 티베트 민족입니다.

치앙주羌族Qiangzu는
한자漢字에서 보이는 것처럼
양羊처럼 순하면서 어진儿 민족입니다.
"오랑캐가 신하가 되기를 자청한다."
이는 나라를 다스리는 위정자가
얼마나 백성들을 사랑했는가를
한눈에 보여주는 소위 '캘리그라피'지요.

목숨을 앞에 놓고 장난질하는 일은
어떤 경우도 없어야 합니다.
가령 낚시로 물고기를 잡는다고 했을 때
진심으로 그들의 왕생극락을 염원하고
간절히 기도해 주어야 합니다.
그런데 잡았다 놓아주고
잡았다 놓아주기를 반복하며
나는 아주 잡은 게 아니라 방생放生했노라며
자랑이나 하는 것은 인간답지 못합니다.

잡은 물고기를 고맙게 먹는 것보다
더 나쁜 업보 중의 업보입니다.
어디 한번 그 물고기 입장이 되어 보십시오.
얼마나 기가 막힌 일이겠습니까

아예 죽음으로 밀어 넣지 말아야지

밀어 넣고 건져 주기를 반복함은

고귀한 생명을 앞에 놓고

장난질하는 것이나 다름이 없습니다.

이는 무간지옥에 떨어질 업보의 시작이지요.

이만롱띠Yimanrongdi

오랑캐라는 부족이 따로 있는 게 아니라

바로 이런 질 낮은 이들이 곧 오랑캐입니다.

<031>

하遐이邇일壹체體

솔率빈賓귀歸왕王

0121 **멀 하遐**

0122 **가까울 이邇**

0123 **한 일壹**

0124 **몸 체體**

멀고또는 가까운이 일체가되어

인솔하고 따르면서 귀순하도다

遐

해외에 나갔다가 인천국제공항에 내리면
가장 먼저 눈에 띄는 표지標識가 서울Seoul이고
전광판에 한문으로 '수이首爾'라 씌어 있습니다.
예전에는 한성漢城이었는데
지금은 모두 首爾로 바뀌어 있습니다.
'首爾'라고 쓰긴 했어도 우리말로 '수이'는 없고
한글 '서울'과 함께 영어 'Seoul'만 표기되어 있으니
한문을 좀 안다고 하는 분들은 '首爾'를
'수이'로 읽을 뿐 '서우얼shou'er'로 읽지 않습니다.

30년 만에 고국을 찾은
초로의 신사가 택시에 올랐습니다.
기사가 물었습니다.
"손님, 어디로 모실까요?"
마침 신사의 눈에 들어온 것은
首爾란 표지판標識板이었습니다.
"네, 기사님 수이대학교로 가십시다."

"잠깐! 손님, 수이라 하셨습니까?"
"네, 수이가 맞습니다. 수이대학교입니다."

수도권에서 택시 기사로만 30년 넘게 일했지만
'수이'는 처음 듣는 지명이었습니다.
게다가 '수이대학교'도 처음 듣는 대학 이름이고요
"손님, 실례지만 다시 한~"
언뜻 옛날 기억이 떠오른 신사는
"아! 맞다. 한성, 한성이다, 한성대학교입니다."

택시 기사는 그제서야 고개를 끄덕이며
부지런히 택시를 몰아 서울 성북에 있는
삼선동 한성대학교 주차장에 택시를 세웠습니다.
"손님 다 왔습니다."
노신사는 택시에서 내렸고
택시는 주차장을 빠져 나왔습니다.

<031> 하룻이週일휴제韞

대학 정문을 나서는데
문득 '首爾'가 떠올랐습니다.
그리고 그 首爾는 '수이'가 아니라
'서우얼shou'er'로 발음한다는 것을
그제서야 똑똑히 기억해 냈습니다.

한성汉城은 한청hancheng으로
서우얼首爾 이전 이름이었음도 생각났습니다.

택시 기사는 저절로 신이 났습니다,
뭔가를 알았다는 것은 신나는 일이지요.
그는 택시를 돌려 손님이 내린
한성대학교를 향해 달렸습니다.
마침 그 신사는 아직 거기 서 있었고
누구보다 반가워하는 사람은
바로 그 신사였습니다.

관악구 신림동 서울대학에 손님을 내려주고
돌아서는 택시 기사는
자기도 모르게 콧노래가 나왔습니다.
택시비를 더 내겠다는 신사에게
정중히 사양한 자신이 대견스럽기도 했습니다.
개인택시를 운영하는 기사가
다음날 택시 내부를 정리하던 중에
뒷좌석에서 작은 쇼핑백을 발견했지요.
안에 든 것을 꺼내보니
손바닥보다 작은 금강경과 함께
단아한 봉투가 하나 들어 있었습니다.

"택시 기사님,

기사님에 대한 나의 고마움입니다.

당신은 참 멋진 분입니다."

멀 하遐 자는

책받침辶이 뜻이고 빌 가叚는 소릿값입니다.

영어의 디스탠트Distant도 좋지만

파far라는 말도 어울릴 듯싶습니다.

"눈에서 멀어지면 마음에서도 멀어진다."

Far from eye far from heart

라는 속담이 있습니다.

이는 역으로

"마음이 있다면 거리는 문제 없다."

는 뜻을 담고 있겠지요?

이 '멀다遐'는 저 '멀다遠'와

풍기는 뉘앙스nuance가 약간 다릅니다.

저 '멀다遠'는 마음이 주主이기에

기쁨喜과 슬픔哀이 곁들여 있는데

이 '멀다遐'에는 빌림叚이 주主이기에

마음보다는 사무적인 느낌이 강합니다.

빌 가段 자에는 층계段의 뜻이 있듯
분명하게 눈에 보이는 증표를
필요로 하는 '거리'의 세계입니다.
따라서 변방邊의 부족들은
눈에는 눈 이에는 이tit for tat처럼
조건으로 이어진 관계에 놓여 있습니다.

0122 가까울 이

이 가까울 이邇 자도 멀 하遐 자와 마찬가지로
책받침辶이 의미소이고
너 이爾 자는 소릿값에 해당합니다.
멀 하遐 자가 변두리 소수민족이라면
가까울 이邇 자는 거리상으로
가까운 곳에 사는 한족汉族입니다.
책받침辶은 '쉬엄쉬엄 갈 착' 자지요.
책받침이 들어간 글자들은
공간 거리와 도로를 뜻합니다.

글자들을 모아 놓은 자전에 의하면
책받침 부수와 관련된 글자가
쉬엄쉬엄 갈 착辶 자에서
쉬지 않고 갈 왁邎 자에 이르기까지
자그마치 265자가 실려 있습니다.
물론 본자本字 외에 속자俗字, 약자略字와
현대 중국어에서 쓰는 간체자簡體字까지
빠짐없이 다 들어간 상태입니다.
265자라면 천자문 전체의
반의반을 훌쩍 뛰어넘는 수입니다.

앞서 '서울'의 소리 옮김 '수이首爾'를
삽화揷話 형식으로 얘기했는데
한청汉城이 서우얼首爾로 바뀐 게
대략 2005년 3월쯤이었으니
어느새 십몇 년이 지났습니다.
너 이爾 자를 보면 생각납니다.
이 너 이爾 자가 쓰이는 곳이 있지요
미륵보살의 이름 첫 자 미륵 미彌 자입니다
다른 새김으로는 '두루 미'자입니다

극락정토의 교주 아미타불과

<031> 하퇴이腿일후제髓

미래 용화세계 교주 미륵보살이
한자리에서 만났습니다.
아미타불이 먼저 말을 꺼냈지요.
"이보시게, 미륵보살님!"
"네 아미타 부처님, 저 여기 있습니다."
"나는 부처고 당신은 보살이니
 내가 당신보다 경지가 좀 높은 편이지요?"

미륵보살이 긴장하며 답했습니다.
"당연히 높으시지요.
부처님께서는 성불하신 지가
이미 열 겁이 지나셨는데
저는 성불하려면 아직 한 겁이나 남았는 걸요."
아미타불이 본론으로 들어갔습니다.

<031> 하끙이 遍을 臺제體

"그래서 그런데~ 미륵보살님.
중생들 세간에서는 '두루 미彌' 자를
당신의 이름인 '미륵'을 통째로 가져다가
'미륵 미'자라 새긴다고 야단들인데
내 이름 아미타불의 둘째 자 '미' 자로 쓰도록
보살이 양보 좀 해줄 수 있으실까?"

미륵보살이 정색하며 말했습니다.

"저는 그럴 생각이 없습니다."

아미타불이 부탁했지요.

"미륵보살님, 만일 보살께서 원하신다면

내 극락세계를 통째로 드릴 테니

'미륵 미' 자를 '아미타불 미' 자로 쓰게 부탁이니

한 번만 양보해 주면 안 되겠소?"

아미타불의 청이 워낙 간곡하자

미륵보살이 제의를 했습니다.

"좋습니다. 아미타 부처님.

중생 투표에 맡겨보면 어떻겠습니까?"

투표라면 되겠다 싶어 아미타불은

미륵보살의 제의를 받아들였습니다.

아무리 미륵보살이 젊다고는 하나

성불 후 10겁에 걸친 명성이 있는데 설마하니…

그리하여 중생 투표에 붙였습니다.

아미타불과 미륵보살 중에서

어느 분이 중생 투표에서 이겼을까요?

아미타불은 자신했습니다.

부처의 경지에 오른 지 10겁입니다.

1겁을 지구령地球齡으로 계산했을 때
지구 나이가 46억 5천만 년이라면
무려 465억 년이나 됩니다.
그동안 부처님 자리를 지켜 오신
아미타 부처님의 승리는
보나마나 불 보듯 뻔한 사실입니다.
그런데 그게 아니었습니다.
미륵보살이 예상 밖의 표를 얻었지요.

중생들은 '미' 자가 앞에 들어간
'미륵 미' 자를 택했습니다.
아미타불의 '미' 자는
'아'자 다음에 들어가기도 했지만
중생들은 젊은 피를 택했고
과거와 현재가 아닌 미래를 선택했습니다.

壹

한 일一 자와 한 일壹 자가 있는데

한 일一 자는 숫자로 쓰일 때 위조 가능성이 높습니다.

한 일一 자 위 아래로 일一 자를 보태면

두 이二 자가 될 것이고

두 이二 자를 나누면

석 삼三 자가 될 수 있습니다.

특히 돈과 관련해서 표기할 때는

한 일一 두 이二 석 삼三 자가

모두 문제가 있습니다.

보태는 것만 아니라

수 하나를 어디서 빼느냐에 따라

엄청난 문제가 야기될 수 있습니다.

가령 3자리 숫자에서

일一이 삼三으로 위조된다면

기껏해야 100에서 200차이지만

7자리 숫자에서 위조되거나

10자리 숫자에서 위조될 경우

100만이나 10억 사이에서

오차를 일으킬 수 있기 때문입니다.

이런 오차를 줄이기 위해

한 일壹 자 등 다른 표기가 생겨났습니다.

한 일壹 자는 선비 사士 자 아래 덮을 멱ㅗ 자가 놓였고

제기의 술잔을 표현한 콩 두료 자가 놓였습니다.

곧 선비士가 사당ㅗ에서 조상에게 또는 사직社稷에게

잔료을 올리며 제사하는 글자입니다.

제사 올리는 마음의 오롯함을 뜻합니다.

0124 몸 체

몸의 구조는 복잡합니다.

척추동물에게 있어서 몸의 근간은

골격骨格을 비롯하여 피부皮膚, 근육筋肉, 내장內腸

두뇌頭腦, 신경神經, 호흡 기관呼吸器官과

소화消化 기관, 배설排泄 기관, 감각感覺 기관

생식生殖 기관, 혈액血液, 호르몬, 림프

치아 따위로 크게 나눌 수 있습니다.

몸 체體 자를 파자하면 뼈骨와 살月이 온전豊함입니다.

뼈骨는 뼈 홀로 존재할 수 없는 까닭에

뼈를 감싸고 있는 살月이 필요하고

살도 살을 지탱해 주는 뼈가 필요합니다.

이들이 함께 조화를 이룰 때

비로소 완전豊한 몸體이라 할 것입니다.

금강경 제18분이 〈일체동관분〉입니다.

일체一體, 곧 한몸으로서

동관同觀, 곧 같이 본다는 것이지요.

금강경의 일체一體와 천자문의 일체壹體의 다른 점은

'한 일' 자일 뿐 그 의미는 똑같습니다.

멀리 변방의 소수민족이나

가까이 있는 한족汉族을

한몸으로 볼 수 있음이 필요합니다.

띄어쓰기 '한 몸'이 아니라 붙여쓰기 '한몸'입니다.

아!《금강반야바라밀경》의 제 18분

'일체동관'의 위대한 가르침이여!

<031> 하짤이 運일壹 제體

<032>

하遐이邇일壹체體
솔率빈賓귀歸왕王

0125 거느릴 솔率

0126 손 빈賓

0127 돌아갈 귀歸

0128 임금 왕王

멀고또는 가까운이 일체가되어
인솔하고 따르면서 귀순하도다

검을 현玄 부수에서 찾되
거느리다, 좇다, 따르다, 소탈하다, 꾸밈없다
경솔하다, 가볍다, 거칠다,
대강, 대략 따위는 '솔'이라 발음하고
셈여림數學에서 백분율%을 비롯하여
비교할 때는 '율' '률'로 발음합니다.
그리고 제한에서도 '률'이고
단체의 우두머리라든가
장군, 장수일 때는 '수'로 읽습니다.

고려조에서는 앞으로 왕이 될 동궁인
태자의 경호가 중요했습니다.
이때 동궁의 경호를 맡은 관청도
부서가 거의 왕에 준했는데
그들 관청에서 으뜸가는 벼슬이
다름 아닌 수率였습니다.
대장군 이상이 책임을 맡았으니까요.

수率와 수帥는 동급이었습니다.
수帥와 사師가 비슷한 것은
동궁의 시위侍衛를 맡은 책임자가
태자의 무술帥 스승師인 까닭입니다.
한 나라의 제왕이 되기 위해서는
문文만 아니라 사史와 철哲
곧 정치, 경제, 역사, 문화, 철학, 언어까지
다 섭렵해야 했습니다.
하물며 예능, 스포츠, 무武이겠습니까.

고려 조정 태자전 동궁에는
태자좌감문수부太子左監門率部
태자우감문수부—右—
태자좌내수부—左內—
태자우내수부—右內— 등
이른바 경호실侍衛廳이 있었습니다.
여기서 수부率部를 '솔부'라 읽는 것은
마치 요산요수樂山樂水를
'낙산낙수'라 읽듯 오독誤讀입니다.

기껏해야 동궁전이고
아직 왕위를 물려받은 것도 아닌데

어째서 이토록 요란하냐고요?
요즘도 마찬가지로 대선에서 당선이 되면
대통령으로서의 실권은 없지만
장차 대통령이 될 권한이 주어졌기에
고려조의 시위에 해당하는
경호 시스템이 태자에 준합니다.
당선자 신분과 태자 신분은
결국 같은 것이니까요.

거느릴 솔/율/수率 자는
검을 현玄 부수에 들어 있다 했지요
검을 현玄 자가 꼬인 실幺입니다.
이 꼬인 실 위 돼지해머리두亠 자는 창끝이고
아래 열 십十 자는 손잡이인데
새 잡는 그물이었습니다.
어린이들이 방학 숙제에 쓰는
잠자리채와 같다고 보면 좋습니다.

그럼 어느 때에 '솔'이라 읽고
어떤 때 '수'라 읽을까요?
움직씨 '거느리다'는 '솔'이고
'거느리는 사람'일 때는 '수'입니다.

다시 말해서 팀장인 '수'가

그 팀원들을 '솔'하는 것입니다.

0126 손 빈

'사위는 백 년 손님'이란 말이 있습니다.

이 말의 출처가 바로 손 빈賓 자지요.

'손님'의 우리말 '손'도

사위라는 이 손 빈賓 자에서 왔습니다.

거기에 사람 뒤에 붙이는 경칭으로

'님'자를 덧붙여 손님이 되었습니다.

말이 좀 어렵습니까?

손 빈賓 자를 세심하게 살펴보면

'집안宀 살림貝 축少 내는 사람'이란 뜻입니다.

집안 살림 축내는 사람이 사위라고요?

사위가 장인, 잠모님 댁에

경제적 도움을 드리는 게 아니고

되레 살림을 축낸다고요?

내가 절에 들어오기 전 일입니다.
동네에서 결혼하는 형들이나
일찍 장가드는 친구들을 보았는데
'새 신랑 달기'가 꽤나 유행했습니다.
새 신랑 달기에서 심한 경우에는
며칠씩 잘 걷지도 못하게
거꾸로 매달아 발바닥을 때렸습니다.

이유는 많지만
그중 하나가 남의 소중한 딸을 훔쳐갔다는 것
재산도 아니고 결국 사람을 훔쳤으니
매 맞을 만도 하지 않았을까요?
훔친다는 움직씨에는
주는 것을 당당하게 가져가는 게 아니라
몰래 가져가는 것을 얘기합니다.

말하자면 사위가 바로 여기에 해당합니다.
장인, 장모 입장에서 보면
귀한 딸을 훔쳐가는 것도 모자라서
집안宀 살림貝을 야금야금再
가져가고 있으니 그럴 만도 하지요.
그래서 사위는 허가 난 도둑입니다.

'딸이 허가 난 도둑'이라 하는데
실은 딸이 도둑이 아니라
딸의 주인主人인 사위입니다.
어떻게 사위가 딸의 주인이냐고요?
일본어에서는 남편을 일컬어 '슈진主人'이라 하고
우리나라에서도 '쥔양반'이라 하는데
이 쥔양반이 누구입니까?
'주인 양반' 곧 남편이 아니던가요?

아무튼 사위는 내 집宀 사람입니다.
그러나 드러나지 않도록丏
날一로 조금少씩 재산을 줄여少 갑니다.
장인. 장모는 사위를 무시할 수 없지요.
왜냐? 딸을 맡겨 놓은 까닭입니다.
빈賓은 객客보다 상위 개념이지만
딸과 함께 허가 난 도둑이기 때문입니다.

과연 사위는 장인 장모님 댁
재산만 축내는 사람일까요?
손 빈賓 자를 푸는 과정에서 나온
그냥 이야기일 뿐입니다.
역으로 생각할 수도 있지 않을까요.

참 괜찮고 멋진 사위는
장인, 장모님 댁 세간을
더 늘려 드릴 수도 있지 않겠습니까?

그렇습니다.
손 빈賓 자에 담긴 뜻을
역으로 해석할 수 있으니까요.
그런데 왜 손님을 뜻하는
손 빈賓 자와 손 객客 자가
모두 갓머리ㅗ를 쓰고 앉아 있을까요?

주인의 상대 개념이 손님입니다.
우리가 손님이라고 할 때는
열린 공간이 아닌 닫힌 공간입니다.
집안에서, 가게에서, 호텔 등 공공시설에서
버스, 택시, 지하철, 배에서
심지어는 항공기에서도
닫힌 공간이기에 '손님'입니다.

여기에는 관리자가 있고 이용자가 있는데
관리자는 책임자며 주인이고
이용자는 손님입니다

닫힌 공간이 아니라 하더라도
시내에서 마주친 외국인
한국을 밟은 외국인에게는 그들이 손님이고
한국인은 주인이 되는 셈이지요.

주인 입장에서 손님은 소중합니다.
이는 사위도 마찬가지입니다
객客은 갓머리ㅅ 아래에
각각 각各 자를 썼으니
빈賓보다 자연스럽습니다.
그러나 빈賓은 적은少 것이라도
일정一하게 선물貝이 오고 가기에
옛날 제후국들이 천자에게
조공을 바친 것도 일례일 것입니다.

내게 이렇게 질문할 것입니다
"스님은 '처갓집'이란 좋은 말 놓아두고
계속 '장인, 장모님 집'이라 하는데
장가를 안 가보셔서 그런가요?"
실제 나는 거사님들과 얘기 중에서
그들의 '처갓집'이란 말을 들으면
곧잘 지적해주곤 합니다.

남편에게 처갓집은 '자기 집'입니다

왜냐하면 아내는 '내 집사람'이니까요.

내 집이 곧 아내의 집입니다.

내게 시집와서 나와 부부의 연을 맺고

나와 가정을 이루고 사는

내 아내의 집이 내 집 아니던가요?

일반적으로 쓰는 처갓집은 장가丈家입니다.

곧 장인 장모님 집입니다.

굳이 얘기하자면 '아내의 친정'일 뿐입니다.

어떤 경우도 '처가妻家'는 아닙니다.

0127 돌아갈 귀

돌아갈/돌아올 귀歸 자에는

몇 가지 뜻이 있습니다.

첫째, 고대에는 장가丈家 들고

장인 장모님 집에서 첫 아이가 태어나면

아이가 자라 제 발로 걸을 수 있을 때

아이를 걸리고 아내 손을 잡고
자기 집으로 돌아옵니다.
따라서 '돌아갈 귀'가 아니라
곧 '돌아올 귀'입니다.

본디 있어야 할 자리는 '제집'입니다.
여자를 계집이라 하지요.
이 말의 어원을 살펴보면
'집에 겨시다'에서 온 말이라 합니다.
이 말이 나중에 '겨시다'가 '계시다'로
언어의 변천을 겪으면서
겨집이 결국 '계집'이 되었지요.
그러기에 '올케'라는 말은
'오라비 계집'에서 왔다 합니다.

남동생은 오라비가 아니라
그냥 남동생일 뿐입니다
남동생 아내는 오라비 계집이 아니니
'올케'가 될 수 없겠다 하겠지요.
그렇다면 '오누이'란 말은
남동생과의 관계는 빠지고
오빠와 누이 관계만 오누이인가요?

국어학자들 말이 맞습니다.
그런데 나는 계집은 본디 '제집'이라 봅니다.
제가 돌아갈 집 '제집'이기 때문입니다.
강원도 지방어로 계집을 '지집'이라 하고
여식 또는 소녀를 '지지배'라 합니다.
계집의 사투리고 제집의 사투리지요.

그러나 사람은 물론
모든 생명이 태어나기 전부터
깃들어 살던 집 곧 '제집'입니다.
귀소본능歸巢本能의 제집입니다.
이 제집으로 돌아가는 길
장인 장모님 집丈家에서 제집으로 돌아오고
본가本家family of born에서
제집, 곧 아내와 함께
새롭게 제집을 꾸리는 것입니다.
아내와 함께 자녀를 낳고born 가르치고
또한 기를 제 집家을 꾸리는 것입니다.

말 나온 김에 얘기지만
본가란 한문의 본가本家일 수도 있으나
자기가 태어난 곳을 나타내는 'born가'입니다.

장가가 아내의 집이 아니듯
시댁도 남편의 집이 아닙니다.
시댁은 시어른들이 계시는 집일 뿐
가정을 이룬 남편과 나의 집은 아니지요.
따라서 장가/친정에서 첫아기를 낳아
그 아이를 걸리고 시댁/본가로 돌아오되
만일 새로운 가정을 이루었다면
집 자체도 따로 살림을 나는 게 맞습니다.

둘째, 돌아갈 귀로 해석할 때
남자든 여자든 함께 돌아갈 곳은
아내婦가 살고止 있는 집皁입니다.
왜냐하면 가정의 가장家長은 남편이지만
가정의 주인主婦은 아내이기 때문입니다.
주부의 주主가 누구입니까?
점丶 하나 차이일 뿐 왕王이고 주主입니다.
하늘에 계신 주님만 주主가 아니라
소중한 가정을 올곧게 꾸려가는
가정 행복의 창조주인 아내가 곧 주입니다.

셋째, 이 천자문에서는
'손을 거느리고 왕에게 돌아간다'했는데

왕이 덕으로 나라를 잘 다스리면
조공으로 제후를 사고팔던 빈賓이
나중에는 마음까지 기울여
왕에게 돌아간다는 뜻입니다.

0128 임금 왕

임금王은 어떤 사람일까요?
하늘과 땅과 인간을 주재하는 자
곧 세 가지 재주三才의 주인입니다.
'솔빈귀왕'에서 빈賓이 문제입니다.
영빈관에서 최고의 접대를 받고
왕에게 올릴 가장— 소중少한 선물貝을
다시 점검해야 하는 제후들은
돈으로 거래해야 하는 형편이었으니까.

아! 돌아가고 돌아오는 얘기를
여기서 조금 더 해야 할 듯싶습니다.

<032> 솔빈귀왕賓歸王

죽음을 얘기할 때
일반적으로 '돌아가시다'라는 말은
생각보다 의미가 깊습니다.
살던 곳 떠나기 전으로
돌아가는 게 돌아감이니까요.
이 세상 오기 전 소식을 알면
세상을 뜬 뒤 돌아갈 곳은 정해졌지요.

저승에서, 극락에서, 천국에서
지옥에서, 아귀에서, 축생에서
그리고 아수라에서 보면 돌아옴이지요.
"저 친구 아수라 떠나더니
그 업 고스란히 갖고 있다가
여기 다시 살려고 돌아왔구먼!"
"저 친구 전에는 아귀도에 있었더니
복을 좀 지었나 보네
사람의 몸 받아 되돌아온 걸 보니."

돌아가다 돌아오다 어근語根은
'돌고' '돌고' '돌아'입니다.
오늘 이 왕에게 돌아오는 자가
내일 다른 왕에게 돌아갈 수 있습니다.

다시 한번 생각해 봅니다.
제집으로 갈 건지 제집 버려두고
남의 집으로만 전전할 건지
내게 있어 제집은
집마저 끊긴 '절집絶執'일지 모릅니다.

<033>

명鳴봉鳳재在수樹

백白구駒식食장場

0129 울 명鳴

0130 새 봉鳳

0131 있을 재在

0132 나무 수樹

봉황이여 나무위에 앉아서울고

흰망아지 정원에서 풀을뜯으니

문법으로 보아서는
명봉재수鳴鳳在樹가 아니라
봉명재수鳳鳴在樹이어야 합니다.
임자말 움직씨 부림말 순이라야 하는데
움직씨 임자말 부림말이 되었으니
문법으로는 맞지 않습니다.

그런데 이 움직씨를 그림씨로 바꾸면
전혀 문제가 없습니다.
'봉황이여 나무위에 앉아서울고'를
'우는봉황 나무위에 깃들어있고'로
풀이하면 무리가 아닙니다.
백구白駒의 '백'이 그림씨지요.
그리하여 '흰 망아지'로 해석하듯이요.

0129 울 명

鳴

'운다'는 뜻을 지닌 글자를 볼까요.

울 명鳴鳴/울 곡哭/울 읍泣/울 제啼諦嗁/울 필嗶哔

울 술㰡/울 연 /울 영 /울 팔吢/울 시嘶 /울 도咷

울 유呦/울 의㑋 /말 울 인歅/우는 모양 현㳙

끽끽 울 연嗹/우는 소리 유

귀신이 우는 소리 유魖/말 우는 소리 회哕

닭 우는 소리 열哷/젖먹이 우는 소리 고呱

우는 소리 작喋/귀청 우는 소리 운耺

훌쩍훌쩍 울 희唏/고양이 우는 소리 묘喵

울 여唳/울 각咯咯/울 조噪 자 따위가 있습니다.

새의 울음에서 시작된 명鳴

개의 울부짖음에서 온 곡哭

소리 없이 눈물만 짓는 읍泣

호랑이의 포효에서 온 제嗁

임금의 울음 제啼/아우의 울음 제啑

피를 토하며 우는 술㰡

여러 사람이 울어대는 각咯

울다가 뚝 그치는 필嗶 등 참 많기도 많습니다.

울음이라고 해서 다 같은 게 아니듯

한자에서도 '울다'라는 움직씨에

이처럼 다양한 글자들이

자연스럽게 생겨날 수밖에 없었습니다.
새 울음을 '울다'라고 표현하는데
새는 정말 우는 것일까요?

새의 울음이 위핑weeping이나
또는 크라잉crying처럼 눈물 흘리며 우는 것일까요?
사람의 발성기관을 통해 나오는
여러 가지 소리들은 울음, 웃음, 이야기, 노래
고함 등으로 다양하게 구분하면서
왜 새나 짐승, 곤충들이 내는 소리는
묶어서 '울음'이라 할까요.

우리말이 지닌 포괄성이며 뭉뚱그림일 것입니다.
새 울음, 새의 노래, 매미 울음, 모기 울음
개의 짖음, 강아지 울음, 말 울음, 망아지 울음
소 울음, 송아지 울음, 사자 울음
개구리 울음, 귀뚜라미 울음 등으로 씁니다.
축생 스스로 자신이 불쌍해서 그렇게 우는 것일까요.
사람과 가장 가까이 지내는 개는 '울다' 외에
'짖다'라 표현하지만 그 밖에는 울음이라 합니다.

닭이나 새들도 그렇지만 생명들의 세계에서는

가령 어떤 한 녀석이 어떤 의사 표시를 하느냐에 따라

동시다발적으로 따라서 울어대고

한 녀석이 울음을 그치면 역시 한꺼번에 뚝 그칩니다.

개의 조상이 늑대라 했던가요.

여우나 이리였던가요.

승냥이나 개사슴이었을 것입니다.

늑대가 보름달을 바라보며 구슬프게 울 때는

발정난 고양이 울음 못잖게 처량하게 들립니다.

떼 지어 짖을 때는 강도가 세지요.

여기서 나온 울음이

개 2마리 이상이 짖는다 하여

소리 내어 울 곡哭 자가 생겼습니다.

이 곡哭 자를 가져다가 사람이 세상을 떠났거나

슬픈 일이 있을 때 목 놓아 욺을 표현합니다.

<033> 명명봉재수수鳴鳳在樹

새의 울음 명鳴은 다른 동물이나 곤충들에 비해

울음 소리가 매우 다양한 편입니다.

예술적인 다양한 소리로 인해

꼭 새 울음이 아니더라도

많이 이끌어 쓰는 것은 바로 이 때문입니다.

지구상에는 많은 새들이 있습니다.

멸종한 새 외에 현존하는 새는

29목目Order에 속하는
8,600여 종種Species의 새들이
1천억 마리 이상이나 살고 있습니다.

창조론자들은
반론을 제기하지만
과학은 어디까지나 과학입니다.
이 새들은 시조새에서 보여 주듯
공룡과 같은 파충류에서 진화합니다.
물론 공룡과 새가 직접적으로
관련이 없을 수도 있습니다.
그렇다면 공룡이 멸종할 때
새들도 자취를 감추었을 테니까요.
아무튼 이들 새 가운데는
노래를 잘하는 새가 있습니다.

지금까지는 봉황을 전설의 새로 치부했는데
실제로 지구상에 살았던 노래 잘하는 새
송버드song-bird였을 가능성도 배제할 수 없습니다.
제브라 핀치錦花鳥zebra finch가
얼마나 영리하느냐 하면
단순히 조상으로부터

<033> 명품부鳳제在수樹

물려받은 DNA의 울음만이 아니라
좋아하는 짝에게 구애의 노래를
직접 지어 부를 정도입니다.

불설아미타경에 의하면
극락세계에는 극락조가 나옵니다.
이들 극락세계 극락조들처럼
금화조만 아니라 봉황의 울음에는
성군 찬미가 담겨 있을 것입니다.
거룩한 성왕의 찬미 말입니다.
노래를 잘하는 송버드는
일반 새와 뇌의 구조가 다릅니다.

내 생각에 봉황은 분명 송버드입니다.
극락세계 송버드인 극락조들이
불법승 삼보를 찬탄하고
염불 염법 염승의 마음을 내게 하는 송버드이듯
부처님 교리를 노래할 정도의
뛰어난 보컬리스트 송버드입니다.

다음으로 사리불아 서방극락 세계에는
가지가지 진귀하고 아름다운 빛깔지닌

백곡이며 공작이며 앵무새며 사리새며
고운소리 가릉빈가 양수일신 공명조등

이와같은 극락조가 주야장천 언제든지
온화하고 부드러운 음성으로 지저귀니
지저귀는 그소리는 오근이며 오력이며
칠보리분 팔성도분 찬미하고 있느니라

이와같이 갖가지로 부처님법 노래하매
극락세계 중생들은 이소리를 듣는즉시
누구든지 그자리서 성스러운 부처님과
가르침과 스님네를 생각하게 되느니라

<033> 명명봉鳳재在수樹

장로비구 사리불아 이와같은 극락조가
죄보로써 태어났다 얘기하지 말지니라
왜냐하면 사리불아 저부처님 국토에는
세가지의 악한갈래 본디없기 때문이니

그러므로 사리불아 서방정토 극락세계
저부처님 국토에는 지옥아귀 축생으로
삼악도란 이름조차 찾아볼수 없겠거늘
어찌항차 삼악도가 실로존재 하겠는가

이들모든 산새들은 아미타불 여래께서

가르침을 널리펴고 중생들을 교화코자

부사의한 힘으로써 만들어낸 새들이며

저부처님 화신으로 나타내신 몸이니라

　　　　동봉스님 강성《아미타경을 읽는 즐거움》

0130 새 봉

재미있는 것은 봉황鳳凰 중에서

봉鳳은 수컷이며, 황凰은 암컷인데

황은 황제凰와 같이 매우 귀족새입니다.

그러나 봉은 평범凡한 새鳥입니다.

봉鳳 자에 범조凡鳥의 뜻이 담겨 있습니다.

가장 평범한 새가 가장 성스러운 새 봉이듯이

위대한 군주는 자기 자신을 비워

눈높이를 백성들에게 맞추어

백성들과 더불어 나라를 꾸려갑니다.

정치하고 나라를 다스리고

백성을 걱정함이 이와 같아야

바야흐로 어진 군주라 할 것입니다.

0131 있을 재

있을 재在 자는 흙 토土 자가 뜻을

재주 재才 자가 소릿값을 나타냅니다.

초목이 흙 위로 처음 나온 것을 존재로 표시했지요.

따라서 살아 활기를 띤다는 그런 의미로서

'생존' '존재' '재주' '있음'입니다.

곧 하늘 땅 인간의 삼재三才 입니다.

<033> 명봉재수鳴鳳在樹

0132 나무 수

樹

사람은 직립보행하는 존재입니다.

사람은 서 있는 게 본질이고

걸어다니는 게 본질이며

움직이는 게 본질입니다.

사람이 서 있지 않고 걸어다니지 않고

움직이지 않고 일하지 않으면 본질을 벗어남입니다.

이와 마찬가지로 나무도 서 있는 나무라야

나무로서의 생명을 지닙니다.

나무 목木 자든 나무 수樹 자든

서 있는 나무 생명 있는 나무일 때

봉황은 날아와 쉼터로 이용합니다.

다른 새들은 죽은 나뭇가지나

전깃줄에 앉을 수도 있고

방앗간에 몰려들 수도 있고

먹이를 좇아 벌판에 내려앉지만

봉황은 서 있는 나무 생명이 있는 나무에만 앉습니다.

벽오동 나무에 앉고
대나무 씨앗을 먹는다고 했는데
벽오동의 벽碧이 푸를 벽碧 자입니다.
푸르다는 것은 살아 있음이고
싱그러움 그 자체입니다.
대나무는 어떻고요
대나무는 계절에 관계없이 푸릅니다.

나는 늘 얘기합니다.
사람과 사랑과 삶과 살갗은
어근이 모두 '살'이라고 말입니다.
게다가 '살'과는 사촌쯤 되겠지만
산山도 섬島도 '살'과 같습니다.
산山은 우뚝 솟아 있습니다.
'산'은 '죽은'의 반대 개념입니다.
그러므로 '산'은 삶과 같지요.
다이나믹dynamic합니다. 곧 역동적이지요.

바다 한가운데 솟은 산이 섬입니다.
섬은 그러기에 산이고
섬과 관련된 글자에는 산山이 있지요.
섬 島嶋 島峹嶌嶹嶼岙/섬 嶼 屿陟/섬 지涛坫垏

<033> 명뜰은鳳在수樹

섬 고岵嶋崎/섬 이름 불

섬은 바다 가운데서 있음의 명사화입니다.

나무 수樹 자는 나무 목木 부수지요.

소릿값인 세울 수尌에도 뜻이 있습니다.

세울 수는 마디 촌寸 자에 선비 사士 자와

악기 이름 주尌 자가 함께하고 있습니다.

종합적으로 살펴볼 때 수樹 자는 서 있는 나무며

싱싱하게 살아 있는 나무입니다.

이는 저 먼 옛날에도

왕도 정치가 다이나믹하게 살아서

백성들에게 전해지는 정치

그야말로 국민을 위한 정치가

차분하게 이루어졌음을 뜻합니다.

<034>

명鳴봉鳳재在수樹

백白구駒식食장場

0133 **흰 백** 白

0134 **망아지 구**駒

0135 **밥 식**食

0136 **마당 장**場

봉황이여 나무위에 앉아서울고

흰망아지 정원에서 풀을뜯으니

0133 흰 백

까마귀 싸우는 골에 백로야 가지 마라.
성낸 까마귀 흰 빛을 새오나니
청강에 조이 씻은 몸 더럽힐까 하노라.

흰 백白 자는 간단합니다.
그냥 위로 퍼지ノ 는 햇살日 입니다.
하얗게 부서지는 파도의 빛깔입니다.
둥글게 눈부시게 퍼져갑니다.
꽃송이 한가운데서 둥글게 에워싼
해바라기 꽃을 보고 있노라면
아이들이 해를 그릴 때
눈이 부시도록 햇살이 구球 밖으로
퍼지게 그리는 게 이해됩니다.

아이들 생각은 꾸밈이 없습니다.
본 대로 그냥 아이들 느낌대로
하얀 햇살을 그려냅니다.

천문학을 전공하지 않았더라도
본인이 알고 있는 상식을
그림에 반영하는 게 어른들인데
아이들은 상식이 아니라 느낌입니다.

나는 흰색을 생각하면서
가끔 백의종군白衣從軍이 떠오릅니다.
어떤 빛깔도 지니지 않았기에
물들기 쉬운 게 곧 흰빛입니다.
그런데 사실 흰 빛깔은
어떤 빛깔도 없는 것은 아닙니다.
오방색 가운데 서쪽색이 흰색이지요.

<034> 백白구駒시食장場

순수의 색 흰색은 정치색이 아니고
결코 벼슬 색이 아닙니다.
지위를 갖고 있지 않은 색입니다
지위가 없고, 벼슬이 없고
정치 빛깔이 없기에
백의종군白衣從軍은 순수 그 자체입니다

요즘 정치인들이 각오를 다지면서
가장 많이 쓰는 말이 백의종군입니다.

한때 노무현 전 대한민국 제16대 대통령이

검사장들과 함께한 자리에서

계급장 떼고 얘기하자 했던 게 생각납니다.

밀린다왕에게 나가세나 존자가

신분을 떠나 대화하자고 제안했던

저 《밀린다왕문경》이 있듯이 말입니다.

왕이 왕의 지위를 갖고 있으면

언제든 왕의 권력을 휘두를 수 있으니

나가세나 존자는 왕에게 얘기합니다.

제대로 얘기가 되려면

왕의 신분과 수행자 신분을 버리자고요.

그러면 대화에 응하겠노라고

이에 대해 밀린다왕은 동의했고

그래서 《밀린다왕문경》이 마침내 탄생합니다.

그런데 요즘 정치인들이

국민들이 일 잘 하라고 뽑아주어

배지는 버젓이 달고 있는데

정작 국민을 위해서는 일하지 않습니다.

국민을 위해 일하는

대한민국 정치인들 맞긴 맞습니까?

표를 얻고자 할 때는 백의종군을 들먹이면서
당선된 뒤에는 그토록 순수한 마음이
대관절 어디로 사라진 것일까요?

《밀린다왕문경》에서는
문득 왕이 위엄을 내세울까 싶어
나가세나 존자가 계급장 떼고 대화하자 했는데
노무현 전 대통령은 대통령 당신이 먼저
검사장들에게 계급장 떼어놓고
허심탄회하게 얘기하자 했으니!
솔직하지 않은 검사장들이 있을까를
염려한 생각도 있었겠지만
대통령의 신분을 지닌 분으로서
열린 자리에서 그런 파격적 언어를 썼다는 데
참으로 후한 점수를 주고 싶습니다.

백의종군이란 순수의 뜻입니다.
마찬가지로 흰 빛깔도 순수입니다.
흰 빛깔은 평화를 상징합니다.
싸울 생각이 없을 때
백기를 들어 이쪽을 표현하듯
흰 빛깔은 전쟁을 하지 않겠다는 것입니다.

전쟁터가 아닌 뜰에서, 마당에서
집어주는 먹이를 먹는 흰 말
구유가 아닌 목장에서 풀을 뜯는다는 것은
전쟁이 아니고 살육이 아닙니다.
잔잔한 평화입니다.
흰 망아지는 2살 정도입니다.
아닙니다. 흰 망아지가 2살 난 게 아니라
망아지 구駒 자가 2살의 뜻입니다.
한참 전쟁터에 있어야 할 말駒입니다.

전쟁터에서 장수들이 타고 싸우는 말들은
흰 말이 아니라 붉은 갈기 말입니다.
이른바 적토마입니다.
붉은 빛 흙빛이 감도는 적토마는
전쟁터를 마음껏 누비더라도
쉽게 지치지 않는 별종의 말입니다.

흰 말도 쉽게 지치는 말은 아니나
흰 말은 한 나라의 군주의 말입니다.
도원수가 타는 말이 흰말입니다.
왕이 타는 말이고
제후가 타는 말이고

황제가 타는 말이고
천자가 타는 말이 곧 흰색 말입니다.

왕이 타고 전쟁터에 나가야 할 말이
정원에서 풀을 뜯는다는 것은
무엇을 뜻한다고 보십니까.
그렇습니다. 전쟁이 없는 시대며
평화가 유지되는 시대며
태평성대 시대를 뜻하고 있습니다.

0134 망아지 구

駒

위에서 언급했듯이 구駒는
두 살배기로서 한창때 말입니다.
말 마馬 자가 의미소이고
글귀 구句 자는 곧 소릿값입니다.
보통 망아지 구駒 자를 쓰면서
몰 구驅 자와 혼동하곤 합니다만

몰 구驅 자는 말 마馬 자가 의미소이고
지경 구區, 또는 '숨길 우'자가 소릿값입니다.

어제는 해인사를 다녀왔습니다
우리절을 아끼고 사랑하는 불자들과
아침 7시 45분 우리절을 출발하여
용탑선원에 내린 것이
정오가 되기 직전이었습니다.
용탑선원龍塔禪院에서 점심공양을 하고
불자님들과 108배를 올리고
병신년丙申年이 모두 무사하기를
빌고, 빌고 또 빌었습니다.

용탑선원은 해인사 산내암자로
해인사에 오르다 보면 왼편에 자리하였는데
용성 대종사 사리탑을 모신 곳입니다.
용성 대종사는 민족대표 33인의 한 분으로
일제강점기의 한국을 구하고자
만해 스님과 분연히 떨치고 일어서셨던
고승高僧 중의 고승高僧이었습니다.

어찌하여 용성 대선사를 고승이라 하는가요.

세간으로는 독립 운동을 주선하고
독립 자금을 모으는 과정에서
서대문형무소에서 3년간 옥고를 치르며
일제의 온갖 취조와 회유에도
끝내 조국을 저버리지 않았습니다.
출세간적으로는 불교 집안에
대처승은 있을 수 없다며
스님들의 계율 정신을 부르짖었지요.

서기 1864년 음력 5월 8일 이 땅에 태어나
1940년 음력 2월 24일 생을 마감하기까지
일제침략기를 거쳤는데
당시 스님들은 대부분 결혼을 했습니다.
일제는 불교마저 일본 불교를 따라
결혼하도록 유도했습니다.
결혼하지 않은 승려에게는
주지를 맡을 수 있는 권한이 없었지요.

한국 불교가 왜색화 되는 과정에서
한국 불교에 대처승은 없다는
매우 단순하면서도
소박한 과제만을 밀고 나갔습니다.

당시 한국 불교계 고승 중에서
취처하지 않고 계율을 지켜온 이가
용성 선사 외에도 물론 상당히 많았지요.

하지만 선사는 선과 교와 율을 고루 닦으셨고
나아가 사찰 행정과 재정 건전성으로
불교의 자급자족을 실천하되
탄광을 비롯하여 농장 운영과
신용조합에 힘을 쏟는 한편
포교의 현대화에 앞장섰던 분입니다.

삼장역회를 결성하고
경전을 한글화하고
스스로 곡을 쓰고 작사하고
법당에서 풍금을 연주하기도 하셨지요.
그러면서도 단 한시도
불교 계율에서만큼은 가을서리였습니다.

당시 용성 대선사가 없었다면
한국 불교는 깡그리 왜색화倭色化 되어
비구는 찾아볼 수 없게 되었을지 모릅니다.
그런 거룩한 고승의 사리탑이 모셔진

용탑선원에서 법회를 본 뒤
해인사 큰절 대적광전을 참배하고
팔만대장경각에 올랐습니다.

아! 그런데 어쩌란 말입니까.
대장경각에 오르기는 했는데
법보전法寶殿을 참배할 수 없었습니다.
해인사가 어떤 절입니까.
한국의 법보종찰法寶宗刹입니다.
해인사의 상징이자 한국 불교의 상징인
팔만대장경각 고려대장경에게 참배할 수 없다니
한편 생각하면 좋은 일이라 여기면서도
그야말로 서운하기 그지없었습니다.

<034> 백白구駒시食정場

0135 밥/먹을 식

사람이 사람일 수 있음은
음식의 다양성을 소화할 수 있기 때문입니다.

으레 그럴 수밖에 없는 것 아닌가요.
아무리 영리한 말이라 하더라도
음식을 조리해서 먹지는 않습니다.
자연 상태에서는 현장성現場性일 뿐입니다.
그때 그 자리에서 거기에 있는 풀을 뜯을 뿐
음식 재료를 모아 두고 저장하였다가
나중에 필요할 때 꺼내서 먹는
저축성이 말에게는 없습니다.

망아지가 마당에서 풀을 뜯는다는
이 짧은 한 줄 시 속에는
주군을 태우고 전장을 누비며
생명줄을 내놓고 뛰어다녀야 할 말이
마당에서 한가로이 풀을 뜯습니다.
말은 탁발할 줄 모릅니다.
금강경 첫머리에서 설명하는 탁발과
환지본처還至本處, 그리고 반사법회飯食法會와
바릿대를 거두는 장면이 없습니다.
말에게 그런 식사 문화란 본디 없지요.

먹는다는 용어를 생각해봅니다.
영어로는 이트eat입니다.

이트 브렉파스트eat break fast

'아침을 먹다'처럼 배를 채우는

일종의 육체적 배부름만이 아니지요.

인간은 음식과 함께 문화까지 먹습니다.

인간은 역사를 먹고

인간은 철학을 먹고

인간은 종교를 먹습니다.

어떻게 살 것인지를 생각하고

고민하는 것으로 음식을 삼습니다.

법보종찰 해인사에서

이제는 장경각 참배는 고사하고

고려대장경판을 볼 수 없습니다.

이는 그림의 떡입니다.

그림의 떡이라 먹을 수 없습니다.

먹지 못하니 배가 부를 수 없습니다.

아! 1976년 여름이었습니다.

해인사 팔만대장경각 법보전에서

나는 매일 5,000배씩 절을 올리며

만 스무하루에 걸쳐 10만 배를 올렸지요.

그때 그 절한 인연공덕으로

오늘날 내가 있다고 나는 자부합니다.
생각해 보십시오. 1975년 여름입니다.
해인사 용탑선원과 인연을 맺고
4년 뒤인 1979년 봄 해인사를 떠나오기까지
해인사는 내게 어머니의 젖이었고
해인사는 내게 아버지의 훈계였으며
해인사는 내게 스승의 가르침이었습니다.

나는 망아지처럼 육신을 채우지 않습니다.
금강경 반사 법회에서 탁발해 온
음식만 먹는 게 아니라
그 음식에 담긴 삶의 문화를 먹고
농부들의 굵은 땀방울과 소박함을 먹고
조리한 이들의 아름다운 정성을 먹습니다.
우리는 육신 생명만이 아니라
정신 생명을 이어가기 위해 밥을 먹습니다.

먹을 식食 자에는 사람人이 어질良기 위해서라는
소중한 명제가 들어 있습니다.
'어질어지기 위해 먹는다.'
'밥 식食' 자 '먹일 사食' 자의 뜻은
바로 사람의 어짊에 있습니다.

어짊은 스스로 하인⾂이 됨입니다.

하인이란 옛날 사대부 집안의
종의 개념 그 하인이 아니고
기독교에서의 주主에 대한 종의 개념이 아닙니다.
하인⾂은 밝음白으로의 변화⼔입니다.
스스로 순수白하게 변함⼔입니다.

0136 마당 장

場

<034> 백白구駒식食장場

마당은 삶의 현장입니다.
삶은 대지土에서 이루어지며
대지는 태양昜 에너지를 넘겨 받아
모든 생명을 밝고 순수하게 만듭니다.
마당 장場 자 양昜에서의 아침⽇과
백구식장白駒食場에서의 흰 백자의 밝음白은 같습니다.
모두 태양을 중심으로 살아가는 생명의 광원이자
그 에너지의 발산이며 채움입니다.

양은 역易과 같습니다.

끊임없이 변화易하는 법칙입니다.

이 변화의 법칙은 자연스럽기에

역易은 '바뀔 역'이라 새기며

'자연스러울 이' '쉬울 이'로 새깁니다.

변화의 법칙을 순수하게 받아들일 때

음식으로만 창자를 채우지 않고

진리로써 정신을 채울 것입니다.

늙음이 오면 오는 대로

순수한 변화로 받아들이는 지혜 변화의 법칙입니다.

아! 법보종찰 해인사는 변화의 최고 바이블

화엄이 살아 숨 쉬는 곳,

여기 우리절과 함께 좋은 도량입니다.

<035>

화化피被초草목木
뇌賴급及만萬방方

0137 **될 화化**

0138 **입을/이불 피被**

0139 **풀 초草**

0140 **나무 목木**

그의덕화 초목까지 고루입히고
신뢰함은 온누리에 두루미치네

化

대관절 '된다'는 것은 무엇일까요?

원재료가 처음 무엇이었는데

나중에 어떻게 변하기에

'된다'라는 표현을 쓰는 것인지요.

원재료에서 변한 게 없이 처음 그대로라면

이를 된다고 표현할 수 없습니다.

원재료든 중간 재료든 된다는 데는 시간이 들어갑니다.

되는 데는 시간이 있어야 하고

또 그것이 어떻게 되려면

거기에는 공간이 반드시 필요합니다.

변화의 세계에서 대표적인 것은

아무래도 나는 음식을 꼽고 싶습니다.

따라서 음식을 잘 만드는 사람은

그만큼 뛰어난 화학자지요.

화학化學이란 글자 그대로 변화의 학문입니다.

케미스트리chemistry이고

화학자는 케미스트chemist입니다.

김치 만드는 법을 볼까요?
10년 전 내가 탄자니아에 머물 때
킬리만자로에 따로 떨어져 있어
교민들 만나기가 생각보다 어려웠습니다.
마침 탄자니아에 나와 있는
우리나라 교민僑民Korean resident 중에
가까이 지내는 젊은 벗이 있었는데
대한기독교 장로회 목사님이면서
생각이 많이 열린 그런 친구였습니다.

나는 그 젊은 목사님과 얘기 도중
우연히 김치 만드는 법을 물었더니
나중에 메모까지 친절하게 해 주었습니다.
당시만 하더라도 이메일로
데이터는 물론 사진을 주고받을 수 있었는데
무선 인터넷을 사용하다 보니
사진 한 장이 기껏 몇 메가바이트인데도
이메일로 주고받는 것은 몇 분에서
심지어는 몇 시간이 걸리기도 했습니다.

<035> 화化피被조草목木

스님, 아프리카 탄자니아에 오셔서
고생이 참 많으십니다.
교민들 대다수가 선교사고 기독교인입니다.
불교인이 거의 없어 많이 적적하시지요?
스님. 그 또한 수행이라 여기십시오.

〈김치 담그는 방법〉입니다.
우선 시장에 가서 배추를 사십니다.
시장에 가시면 케냐Kenya에서 들어온 배추
곧 차이니즈가 얼마든지 있습니다.
배추 사실 때 아예 양념도 준비하십시오.
양념으로 준비하실 것은

(1) 소금 두고두고 쓰시게 ― 여유있게
(2) 마늘, 생강, 고춧가루, 젓갈
 고춧가루가 없으면 풋고추도 좋고
 아차, 젓갈은 안 드시겠네요.
(3) 김칫소를 만들기 위해서는
 무, 파, 양파, 미나리, 갓 따위를 준비하십시오.

준비가 다 되었으면
배추는 겉잎을 떼고 다듬습니다.

차이니즈는 열무마냥 어려 다듬을 게 별로 없지만
더러 포기가 실한 배추도 꽤 있습니다.
스님께서 혼자 드실 거면
구태여 포기 배추 아니어도 좋습니다.
아무튼 포기 배추라면 밑동에 칼집을 내어
반이나 또는 네 등분으로 쪼갠 뒤
소금물에 대여섯 시간 정도 푹 절입니다.
그런 다음 물기를 쫙 뺍니다.
너무 오래 절이면 신선도가 떨어지고
너무 잠깐이면 겉절이가 되니까
좋아하시는 대로 시간 조절 要.

마늘 생강 등을 곱게 다지고 ～ ㅎㅎㅎ
고춧가루가 없으면 풋고추 잘게 썰어도 됩니다.
그런데 김치는 맛도 중요하지만
고춧가루가 좀 들어가야만
빨갛게 김치다운 느낌이 살아납니다.
젓갈은 국물은 짜내고 건더기만 씁니다.
파 마늘은 절에서 안 드신다던데
탄자니아까지 오셨으니
스님께서 알아서 하시면 될 듯
(실례ㅋㅋ)

<035> 화化피被초草목木

김칫소로는 무채를 송송 썰고
파, 미나리, 갓을 일정하게 썩둑썩둑 썹니다.
그런 뒤 양념과 잘 버무리시고요.
(아, 어렵다!)

물기를 뺀 잘 절인 배추 잎사귀 사이사이에
적당량의 김칫소를 넣고 배추 겉잎으로
최대한 감싼 뒤 항아리나 통 안에
차곡차곡 넣어 냉장고에 보관한 뒤 드시면
그런대로 꽤 드실만할 것입니다.
스님, 제가 빵도 잘 굽습니다.
언제 여기 다르Dar에 내려오시면
제가 빵을 구워 대접해드리겠습니다.
스님, 혼자 나와 계시면
(원래 혼자시지!)
눈치 보지 마시고 무조건 잘 드셔야 합니다.

스님께서는 스님이시면서
우리 기독교에 대한 이해도가
높은 분이라 제가 많이 존경합니다.
킬리만자로 마랑구 게이트라면 2,000고지,
우리 제주 한라산보다 좀 더 높은데

새벽에는 꽤 썰렁하시지요?
건강 챙기십시오. 동봉 스님

불초 목사 아우 올립니다.

배추는 배추대로 소금은 소금대로
파, 마늘, 생강, 무, 미나리, 갓, 젓갈
고춧가루, 물 따위가 만일 따로따로라면
김치라고 하는 멋있고 맛있으면서 훌륭한 식품이
탄생되지 않았을 것입니다.
거기에 최상의 양념인 시간을 곁들이지 않으면
발효식품도 기대하기 어렵겠지요.

<035> 화化피被조草로로木

기왕에 발효식품 얘기가 나와서 그러는데
일본의 대표적인 스께모노로는
'우메보시'와 '다꾸앙'이 있습니다.
우리나라 발효식품은 김치 외에 짱아찌, 식혜 등과
된장, 고추장, 간장 등 장류가 있고
식초, 막걸리, 젓갈 등이 있습니다.

될 화化 자를 파자하면

사람人이 서로 등을匕 지고 있습니다.

그나마 오른쪽 사람은 거꾸로 매달린 모습이지요.

멀쩡하게 서 있던 사람이 어느 날

문득 거꾸로 매달려 있다면

이는 삶에 변화가 온 게 분명합니다.

 변화가 왔다면 어떤 변화일까요.

행복하던 삶에 불행이 닥칠 수 있고

반대로 불행匕하던 사람이

행복한 사람亻이 될 수도 있습니다.

행복과 불행은 순서가 없습니다.

행복 뒤에 불행이 오는 경우보다

고생 끝에 낙이 오는 것을 선호하는데

아무튼 세상의 이치는 변화입니다.

재료가 조화롭게 섞이고

시간이 박히고, 공간이 혼합되어

맛있는 김치, 향기로운 막걸리가 되었으나

주의를 기울이지 못하는 사이에

이상기후가 심술을 부리고

시간이 흐르다 보면

막걸리도 김치도 된장도 식초도

코를 들 수 없게 부패할 수 있습니다.

被

움직씨 '입는다'는 옷과 관련됩니다.

그러므로 입을 피被 자도

의미소가 옷 의衤 자에 있습니다.

오른쪽 가죽 피皮 자는 소릿값입니다.

가죽 피 자가 소릿값이기는 해도

이 또한 의미소를 지니고 있습니다.

가죽은 벗겨지기 전에

이미 어떤 생명의 옷이었으니까요.

옷의변衤의 옷이 후천적으로 주어진 가죽이라면

가죽 피皮 자의 가죽은 선천적 옷입니다.

이 천자문에서 말하는 덕화德化가

풀과 나무에 두루 입힌다는 게 뭘까요

이는 성군聖君의 덕화가 따로 있고

풀잎과 나무가 따로 있어서

성군의 덕치가 풀과 나무에까지

두루 미친다는 의미가 첫째입니다

그러나 만에 하나 불교의 세계관에서라면
성인의 덕화를 내세우지 않고
머무름 없이 덕이 펼쳐가니
덕화 그대로가 초목이라는 것입니다.
다시 말하면 성군의 덕화는
불교 입장에서는 무주상입니다.
이 덕화가 곧 두 번째 의미가 아닐까요.
햇빛과 햇볕이 초목에 와서 닿으면
에너지가 따로 있고
초목이 따로 있는 게 아니라
에너지가 풀잎 나뭇잎과 어울려
광합성을 통해 산소를 만들어 내고
마침내 포도당을 만들어 냅니다.

덕화의 임힘化被,
불교 용어로는 가피加被인데
이를테면 태양 에너지와 같습니다.
본디 피被는 '입다, 입히다'라는 움직씨 외에
이름씨로 '담요, 이불' 따위가 있습니다.
그러니까 '입을 피'라는 제움직씨와 더불어
'입힐 피'라는 남움직씨로 새기는가 하면
잠잘 때 덮고 자는 '이불'이란 이름씨도 있습니다.

이불은 홑이불이 아니라 겹이불입니다.

한 겹은 현훈가피顯熏加被이고

또 한 겹은 명훈가피冥熏加被입니다.

크기로는 제 몸의 절반쯤에 해당하며

몸 전체를 덮기 위해 석 장의 이불이 필요합니다.

불교에서는 이 세 가지 이불을 뭐라 하나요?

첫째 신밀가지身密加持의 이불이요

둘째 어밀가지語密加持의 이불이며

셋째 의밀가지意密加持의 이불입니다.

성군의 덕화가 초목에게 미친다면

그 이불은 어떤 이불일까요?

백성들의 아픔을 치유하는 이불이고

백성들의 한과 슬픔을 닦아 주는 이불이며

백성들과 함께 슬퍼하는 이불이며

백성들의 기쁨을 함께 기뻐하는 이불입니다.

절대 행복absolute happy 온도에 맞춘 이불입니다.

<035> 화化피被초草목木

0139 풀 초

풀은 소나무 잣나무처럼
한 그루 한 그루로 자라는 게 아니라
포기로 돋아나고 넝쿨로 번집니다.
풀 초草 자의 초두艹는
두 포기 싹艸으로 어우러졌습니다.
풀은 대개가 일년생이나
눈에 보이는 이파리가 봄에 돋아나
여름에 무성하고 가을이면 말라
겨울이면 죄다 부서져 내리지요.
따지고 보면 다년생이라 할 수도 있습니다.

초두 밑에 일찍 조早 자를 쓴 것은
한해살이풀이기에 나무보다 부썩부썩 자라고
또한 일찍 마른다 하여 그에 붙여진 의미소입니다.
조早 자는 하인 조皁 자와 같습니다.
하인은 주인에 대한 종奴僕이 아니라
마음을 내려下놓은 사람人입니다.

따라서 하인皂은 어진 이良입니다.
풀은 뭇 곤충들의 서식처이고
아울러 초식 동물의 먹이인 까닭입니다.

0140 나무 목

나무 목木 자는 모든 나무의 총칭입니다.
가령 수樹 자가 살아있는 나무라면
이 나무 목木 자는 살아있는 나무, 죽은 나무
큰 나무, 작은 나무, 잎 지는 나무, 사철 푸른 나무
침엽수, 활엽수 등 모든 나무의 총칭입니다.
대자연이 그대로 성군의 덕화요,
하늘과 땅과 만물이 신의 작품이란 논리가
그대로 화피초목化被草木입니다.

명명백초두明明百草頭
명명조사의明明祖師意
"풀잎마다 그대로 조사로다"

<035> 화化피被초草목木

<036>

화化피被초草목木

뇌賴급及만萬방方

0141 **힘입을 뇌賴**

0142 **미칠 급及**

0143 **일만 만萬**

0144 **모 방方**

<036> 뇌賴급及만萬방方

그의덕화 초목까지 고루입히고
신뢰함은 온누리에 두루미치네

賴

사회가 혼란하고 정치가 썩었을 때

가장 많이 쓰이는 게 의뢰할 뇌賴 자입니다.

뇌물賴物은 의뢰하는 물건입니다.

어떤 일을 부탁하고 의뢰할 때

기본적으로 그가 나보다 많이 알아야 하고

아울러 권력刀이 강해야 하고

또 권력을 가진 사람이 자기 권력을 통해

부를 창출하려면 돈貝 있는 사람이 필요합니다.

이 두 부류, 곧 권刀력과 재貝력을

한데 묶은束 게 곧 뇌물 뇌賴 자입니다.

새김은 의뢰할 뇌賴 자요, 힘입을 뇌賴 자입니다.

의뢰라는 말이 나쁜 것은 아닙니다.

우리가 어떤 사건을 의뢰할 때

정식으로 수임료를 내고

일을 맡기는 이를 의뢰인이라 하고

수임료를 받고 일을 처리하는 그런 이를

법정대리인 곧 변호사라고 합니다.

이들 언어에는 전혀 문제가 없습니다.

이 글자에 담긴 뜻을 볼까요?

의뢰하다, 힘입다, 의지하다, 믿다, 버티다

억지 부리다, 책망하다, 탓하다, 생떼를 쓰다

전가시키다, 덮어씌우다 발뺌하다, 눌러앉다

머물러 떠나려 하지 않다, 나쁘다, 회피하다

나무라다, 좋지 않다 따위가 있고

의뢰, 이득, 마침, 다행히 따위가 있습니다.

이 '힘입을 뇌' 자에는 통용되는 뇌賴 자가 있고

간체자 뇌赖 자와 와전된 뇌頼 자가 있습니다.

이 와전된 뇌 자는 '길 래'로도 읽습니다.

(1) 뇌급만방賴及萬方 만방이 넓긴 하나 어진 덕이 미침

(2) 무뢰지당無賴之黨 부랑자들의 조직

(3) 무뢰지배無賴之輩 부랑자들을 가리킴

(4) 시정무뢰市井無輩 시중의 불량배

(5) 방탕무뢰放蕩無賴 술과 여자에 빠져 일없이 방탕하는

자입니다.

세상을 움직이는 3개의 축이 있지요.

첫째는 권력刀의 힘입니다
제러드 다이아몬드가 《총균쇠》에서 언급하듯
권력과 무기의 힘이 무엇보다 강합니다.
무기에는 핵무기가 있고
생화학 세균 무기가 있으며
재래식 무기가 있습니다.

한반도의 비핵화를 부르짖는 남쪽과
핵보유국으로 가려는 북쪽은
다 같이 핵이라는 무기 때문입니다.
지금 지구상 무기 중에서 핵무기보다 센 것은 없습니다.
핵무기는 물리학에 있어서 우주의 창조자creator면서
우주의 모든 시간을 이끌었고 아울러
지구의 종결자terminator입니다.

우주가 처음 열릴 때 터진 대폭발
빅뱅Bigbang은 핵폭발이었습니다.
폭발 당시 수소와 헬륨이 지닌
핵의 질량은 현재까지 팽창된
우주의 모든 것을 담았으면서도
그 크기는 너무나 작아
육안으로는 보이지 않을 정도였지요.

<036> 뇌賴금及인萬방方

그 작은 특이점特異點singularity이
지금의 우주를 다 내포하고 있었고
지금도 계속 우주는 팽창하고 있지만
초기 특이점의 질량에서
불생불멸不生不滅이고
부증불감不增不滅입니다.
더 생기는 것도 없어지는 것도 없고
더 늘어나지도 줄어들지도 않습니다.

둘째는 경제의 힘 재貝력입니다.
핵무기를 만들어내는 것은
입으로만 되는 게 아니고
마음 하나만으로 되는 것이 아닙니다.
통치자가 아무리 핵보유를 주장하더라도
핵을 개발하고 관리하고
나중에 핵을 발사하는 데도
경제가 뒷받침이 되지 않으면
생각처럼 쉽게 성공할 수는 없습니다.

또 성공한다면 누구를 위한 성공일까요?
인류가 다 함께 멸망으로 가는데
누구를 위한 성공이냐는 것입니다.

우주의 최초 빅뱅으로부터
지금까지의 모든 과정이
자연선택natural selection이었다면
우주의 종결자 핵무기는
인위선택artificial selection입니다.
곧 물리학의 힘을 빌어
인간에 의해 만들어진 핵으로
지구와 지구생명이 끝장나는 것입니다.

그리고 셋째의 힘은 덕입니다.
대결이 아니라 화해로
소유가 아니라 나눔으로
밀어냄이 아니라 포용으로
질시가 아니라 용서로
증오가 아니라 사랑으로
어리석음이 아니라 슬기입니다.
이 힘이야 말로 힘입을 뇌賴 자에 담긴
권력刀의 힘과 경제貝의 힘을
균형束 있게 다스림입니다.

<036> 뇌賴급及민萬방方

0142 미칠 급

及

미칠 급及 자는 앞선 사람을 향해
뒷사람이 오른손으로 잡으며
따라가는 모습을 표현한 글자입니다.
한글로 '미치다'를 얘기하면
미치광이 곧 크레이지crazy처럼
정신이 약간 이상한 상태일 수도 있습니다.

그렇지만 여기서 말하는 미침이란
영어의 리츠Reach며
미트, 매츠 업 투Meet, match up to
정도로 생각할 수 있을 것입니다.
공간적인 거리나 정신적 수준 따위가
일정한 선에 닿는 것을 가리키는 말입니다.

0143 일만 만

스콜피온Scorpion이 전갈입니다.

전갈에 대한 모습이나 전갈의 독이 얼마나 무서운지는

말하지 않더라도 이미 잘들 알 것입니다.

나는 애기 전갈에게 쏘이고 자리에서 느닷없이 일어나다가

테이블 모서리를 들이받고 한참 힘들어한 적이 있습니다.

전갈의 독침 때문이 아니라

엉뚱한 타박상으로 고생 좀 했지요.

동아프리카 탄자니아는

오른쪽 옆구리에 푸른 인도양을 끼고 있어

습도가 높고 후텁지근한 곳입니다.

특히 수도인 다르에스살람Dar es Salaam은

항구 도시라 찌는 더위가 심합니다.

이 다르에스살람에서 북쪽으로

약 300km 지점에 한국인이 세운 휴게소가 있지요.

코로그웨郡Korogwe-district

크와쏭가 마을Kwasonga
50에이커 대지 위에 세운
로컬 양식의 호텔 그린힐Green-hill은
그 지역에서는 꽤 이름 있는 명물 중 하나입니다.
케냐 나이로비와 탄자니아 다르Dar를 잇는
고속도로에서 쉽게 볼 수 없는 휴게소입니다.
마치 설악산 울산바위인 듯 늘어선
바위산 산맥 아래 시원스럽게 지은 건물입니다.
나는 다르와 킬리만자로를 오갈 때
이 그린힐을 마음껏 사용할 수 있는 특권(?)을
주인으로부터 부여받았습니다.

이곳이 정글 지역은 아닌데도
어마어마하게 큰 살모사와 독사들이

갠 날 지렁이 기어 나오듯 쉽게 볼 수 있었는데
무엇보다 많은 곤충은 전갈이었습니다.
롯지, 마룻장 빈틈을 비롯하여
기둥, 서까래, 천장, 지붕으로 올린 야자나무 잎새
할 것 없이 온통 전갈. 전갈. 전갈이었습니다.
만일 모기장이 없다면 누워 있을 때 얼굴 위로
가을 들녘 메뚜기처럼 날아들 것입니다.

171

<036> 뇌腦금及민萬방方

일만 만萬 자는 '전갈 만' 자입니다.

열 개의 천十千이 1만이듯이

매우 많다는 뜻으로 빌려 쓴 것입니다.

온 집안을 전갈이 휩쓸고 다닐 때는

"저 많은 전갈들이 그동안 어디 있었지?"

하고 놀랄 때가 종종 있었습니다.

열 개의 천과 천의 열 개 어느 쪽이든 '많다'입니다.

'많'과 '만'은 소릿값이 같습니다.

해인사 일주문 긍만세亘萬歲의 '만萬' 자는

영락없는 전갈의 상형문자입니다.

역천겁이불고歷千劫而不古

긍만세이장금亘萬歲而長今

천 겁을 지났으나 옛이 아니오

만 세에 뻗어가나 늘 지금이라

— 해인사 일주문 주련 —

십의 십이 백이고 백의 백이 만이듯

만의 만은 억이고 억의 억은 경이라

경의 경이 구라면 구의 구는 불가사

불가사의 그 위로 무량 대수 앉았네

<036> 뇌뢰금及민萬방方

어렸을 때 나는 마치 구구단을 외듯이

이 '수數의 단위單位'를 열심히 외우고 다녔습니다.

이들 사이에 들어 있는 수의 단위를

가르쳐 주는 사람이 아무도 없었습니다.

백과 만 사이의 천과 만과 억 사이의 단위들과

조와 경까지도 그런대로 알았습니다.

경이 넘어가면 그 다음으로

어떤 수의 단위가 있는지

생각해 본 적도 없고 알 필요가 없었지요.

왜냐하면 그 이상의 높은 숫자들을

평소에는 쓸 일이 거의 없었으니까요.

0144 모 방

모 방方 자와 간체자 일만 만万 자는

그 모양이 어슷비슷합니다.

모 방方 자의 '모'란 모서리입니다.

'세모' '네모' '두부 한 모' 하듯이

둥근 모양이 아니라 각진 모양이고 모서리입니다.

삼각형 뿔, 사각형 모퉁이가 그대로 '모'입니다

나중에는 지역의 의미가 더해져

가령 만방萬方이라 했을 때

인간이 생각할 수 있는 생각들을

모두 동원한 방위이고 장소들이었습니다.

400여 년 전만 하더라도 옛사람들은

지구가 평면이었다고 생각했을 것입니다.

그러니 모서리 개념이 강할 수밖에요.

이 모 방方 자에 담긴 내용은 생략합니다.

그러나 이 글자를 자세히 보면

손잡이가 달려 있는 쟁기

밭 가는 쟁기의 모습과 일치합니다.

농경 사회에서 논 갈고 밭을 가는 쟁기

이 이상 가는 소중한 살림살이가

그리 흔하지 않았습니다.

어진 황제의 덕화가 풀잎 나뭇가지로 퍼져가듯

그의 소중한 생각들이 온갖 곳에 미치는 것입니다.

<036> 뇌賴금及민萬방方

<037>

개蓋차此신身발髮

사四대大오五상常

0145 덮을 개蓋

0146 이 차此

0147 몸 신身

0148 터럭 발髮

이내몸의 요소로는 흙물불바람

정신적인 세계로는 인의예지신

2016년 2월 22일 바르셀로나

모바일 월드 콩그레스

Mobile World Congress

국제 첨단 통신기기 전시회

줄여서 '엠 더블류 씨MWC'입니다.

삼성전자 갤럭시 S7과

LG전자 G5의 공개도 공개려니와

무엇보다 눈길을 끄는 것은

브이알VR, 곧 '가상현실'이었습니다.

가상과 현실이 만나 현실을 가상으로 보여 주거나

가상을 현실로 보여 주는 게 아닌

현실을 더욱더 현실로 보여 주는

최첨단 광학光學 통신장비 전시회입니다.

버츄얼 리얼리티virtual-reality

바꾸어 말하면 가상현실假想現實입니다.

내 기억으로는 이미 몇 해 전부터

가상현실 애플리케이션이

모바일에서 실현이 가능했습니다만

우선 관심들을 갖지 않았고

청년 과학자 저커버그의 페이스북Face book과

우리나라에서 깜짝 등장한 카카오톡이
생각을 나누는 창구로
거의 완벽하게 자리잡았습니다.

나는 그때 생각했습니다.
페이스북과 카카오톡KakaoTalk이 서로 만나
공간적 지평을 제대로만 열어간다면
버츄얼 리얼리티 세계는
과거 현재 미래를 자유롭게 넘나들며
다가오지 않은 미래를 당겨 오고
지나가버린 과거를 현재로 되가져와
바로 지금 현재라는 시간 속에서
과거를 현실로 느끼고
미래를 현실로 느끼게 될 것이라고요.

호모 사피엔스Homo Sapiens가
호모 하빌리스H. Habilis와
호모 에렉투스H. Erectus를 제치고
지혜롭게 생각하는 존재로 지구상에 등장한 지
이미 10만 년을 훌쩍 넘기고 있습니다.
그러나 적어도 인간이
스스로의 존재에 대해 묻기 시작한 것은

기껏해야 5천 년이 될까 말까입니다.

스스로의 존재에 대해 물을 때
가장 먼저 무엇을 물었을까요?
그렇습니다.
존재에 대한 최초 물음은 나는 누구인가였고
궁극적인 물음도 나는 누구인가였을 것입니다.
그리고 그 '나'는 어디서 와서
어디로 향해 가고 있느냐는 것이었습니다.
이는 영원한 현재적 물음입니다.

5천 년 전에도 철학이 있었을까요?
당연히 있고말고요.
어쩌면 철학하는 인간 존재는 5천 년 전이 아니라
5만 년 전에도 있었을 것입니다.
철학이 뭐 별것입니까?
철학은 생각보다 단순합니다.

서양 철학사를 뒤적일 것도 없고
동양 철학자를 찾아볼 것도 없습니다.
하이데거의 철학도 칸트의 순수이성비판도
칼 융과 야스퍼스의 실존철학도

<037> 剴薘刺齜身罰髮

그다지 대단한 게 아닙니다.

조선시대 성리학性理學과

이기론理氣論이 어려운 듯싶지만

단지 인간 존재에 대한 물음일 뿐입니다.

철학에 대해 전혀 겁먹을 게 없습니다.

철학은 사랑처럼 단순합니다.

게다가 사랑은 현실로 나타나지만

철학은 사유에서 끝납니다.

사랑은 사랑 밖에는 할 줄 아는 게 없듯

철학은 철학 밖에 할 줄 모릅니다.

브이알VR 카메라 기능은 일반 카메라와 다릅니다.

입측장치와 출측장치가 단지 하나뿐인

폐쇄회로 카메라와도 다릅니다.

나는 주칭야광珠稱夜光에서

잠깐 언급한 바 있습니다만

어찌하여 지장보살이 들고 있는 장상명주가

보석처럼 각지지 않고 공의 형태를 지녔습니까?

저승을 고르게 밝히기 위함입니다.

저승을 명부冥府라 하듯

<037> 개개차비신身발발髮

거기에는 가깝고 친한 이나
멀고 서먹한 이를 구별할 빛이 없습니다.
어둠 속에서 허우적대다
친하고 소중한 이를 찌르고
다치게 할 수 있습니다.

지장보살의 장상명주가
공 모양이기에 두루 비추기도 하지만
어둠을 밝히는 기능과 함께
저승의 실상을 그대로 담는
카메라 기능까지 지니고 있습니다.
나는 브이알VR을 접하면서
지장보살의 장상명주를 떠올렸고
염라대왕 자리 옆에 놓인
업거울業鏡臺을 생각했습니다.

장상명주가 램프Lamp 기능과 함께
사진/동영상 카메라 기능은 물론
출력 프린트 인쇄 기능에서 전송 기능까지
이 모두를 덤으로 갖고 있다면
하드가 내장된 업거울은 모니터 전문기능입니다.
모니터라 하더라도 VR 장상명주로 촬영한

<037> 개蓋차此신身발髮

소중한 자료들을 그대로 출력합니다.

업거울은 공 모양도 있고 곡면曲面 모양도 있어서
모든 중생들의 삶을 한꺼번에 보려면
곡면의 업거울을 들여다보고
그러다가 클로즈업해서 보아야 할 경우
공 모양의 업경대로 출력합니다.
업경대는 출력 전문 모니터인데
현미경micro-scope 기능과 함께
스파이글래스spyglass 기능까지 지니고 있습니다.
어떤 중생 어떤 사건이라 할지라도
업거울 CPU에서 처리하지 못함이 없고
출력하지 못하는 게 없습니다.

버츄얼 리얼리티가 대세입니다.
앞으로 스마트폰 기능에서
가장 소중한 애플리케이션을 꼽으라면
분명 '브이알VR'이 될 것이라 장담합니다.
호모 사피엔스가 출현한 뒤 끊임없이 제기된 문제
몸에 대해서 VR은 답할 것입니다.
이는 지옥의 변호사 지장보살의 장상명주와
저승의 황제 염라대왕 옆자리에 있는

업거울에 대해서도 얘기했듯이
첨단과학의 정점에 불교가 자리하고 있음은
부인할 수 없는 자명한 사실입니다.

0145 덮을 개

사극을 보다 보면 대개 주요 인물은
초년에 고생이 많습니다.
목숨을 노리는 자들로 인해
손수레에 실리고 그 위에 거적때기가 덮이고
그도 모자라 풀이나 짚으로 다시 덮고
그렇게 해서 감시를 벗어납니다.
마치 덮을 개蓋 자를 읽는 듯싶습니다.

덮을 개蓋 자 설명은 위에서 완전해졌지요.
맨 아래가 그릇 명皿이고 가운데가 갈 거去인데
이 갈 거去는 다시 흙 토土아래 사사 사厶를 붙여
땅을 놓고 사심이 발동하는 게

<037> 개蓋치比신身발髮

살아가는 이들의 본능임을 표현함입니다.

그러나 사람들은
제 사심을 보여주지 않으려 합니다.
그럴듯하게 포장하려 하겠지요.
덮고 가려놓은 곳은 대충대충 넘어가란 얘기죠.
따라서 '덮다'라는 움직씨 외에
'대개' '무릇'처럼 어찌씨로 풀어갑니다.

0146 이 차

왼쪽의 그칠 지止 자에
오른쪽에는 비匕 자를 붙였습니다.
비수 비匕 자는 견줌比의 뜻이고
변화化의 뜻이고, 손 칼匕의 뜻이고
나아가 사람人의 뜻입니다.
비수를 품속에 품는 일도 남과 비교하는 일도
변하고 흔들리는 마음도 거꾸로 매달린 사람匕처럼

아픔도 예此서 멈추라止는 것이지요.

0147 몸 신

몸 신身 자는 하나의 부수로서
서 있는 사람을 그려낸 모습입니다.
서 있는 사람이란 살아 있는 자 움직이고
걷고 일하고 뛰어다니고 후세 낳아 잘 기르고
가르치고 이어가는 사람입니다.
자세히 보면 몸 신身 자는
임산부의 모습을 형상화한 자입니다.

몸 신身 자가 몸의 총칭이고
이 밖에도 몸 체體/軆/躰/骵/体
몸 기己躸/몸 궁躬/躳/몸 구軀/躯/몸통 동胴
몸 길 로躼/몸이 긴 모양 해骸
몸 뚱뚱할 장腸/髒/몸 흔들거릴 흘肐
몸 굽힐 국躹/몸 기름질 국腒

<037> 개蓋차此신身발髮

몸이 차가워지는 병 색瘻/몸 부을 황胱

무서워 몸을 움츠릴 교矯

아이 밴 몸 신傗 등이 있습니다.

불교에서는 몸을 2가지로 봅니다.

첫째는 일반적인 몸이고

둘째는 눈 귀 코 혀를 제외한 몸입니다.

눈 귀 코 혀를 제외한 몸이면서

터럭을 포함한 피부입니다.

불교에서 몸은 눈에 보이는 모습 전체입니다.

물론 눈 귀 코 혀(입)가

눈에 띄지 않는 것은 아니지만

워낙 중요한 감관이기에

이들을 별도로 다루고 있을 뿐입니다.

0148 터럭 발

터럭은 털과 같은 뜻으로 씁니다.

솜터럭=솜털

머리터럭=머리털

터럭손=털손

사타구니 터럭=사타구니 털

동물의 터럭=동물의 털 등

터럭 발髮은 터럭발彡 부수에 소릿값이면서

좌우로 퍼진다는 발犮 자로 된 글자입니다.

사람의 모든 털이 포함된 터럭은

동물에 비해 많이 퇴색한 상태지요

머리彡를 길게長 늘어뜨린髟 모습에다가

개犬가 달아나는丿 모양을 곁들여

터럭 발髮 자를 만들었는데

머리카락을 비롯하여

콧수염, 턱수염, 겨드랑이 털과 불두덩 털까지

모두 포함한 게 터럭 발髮 자입니다.

발髮 자의 표본은 삽살개 털입니다.

세상에 어느 것 하나도

소중하지 않은 게 없습니다.

중국 웨이魏wei나라에는 유명한 도가 철학자

<037> 개훼지비신身발髮

양주楊朱Yangzhu B.C440~B.C360)가 있었지요.
그의 털 한 올에 대한 얘기가 생각납니다.

"가령 내 정강이 털 한 올을 뽑는 것으로
천하가 이롭게 된다 하더라도
나는 내 정강이 털을 뽑지 않겠다."

<038>

개蓋차此신身발髮
사四대大오五상常

0149 **넉 사四**

0150 **큰 대大**

0151 **다섯 오五**

0152 **떳떳할 상常**

이내몸의 요소로는 흙물불바람
정신적인 세계로는 인의예지신

0149 넉 사

四

중국인은 무조건 팔八/發/8 자를 좋아하고
한국인은 사/四/4 자를 싫어합니다.
중국인이 팔八 자를 좋아한다고
앞서 주발은탕周發殷湯 해설에서 얘기했습니다만
한국인이 꺼리는 글자는
다름 아닌 넉 사四 자입니다.
그것이 연상작용에 의해 넉 사四 자 외에
아라비아 숫자 4도 기피합니다.

넉 사四 자를 꺼리는 이유로
첫째, '넉 사'의 '넉' 때문입니다.
'넉'은 '넋'과 소릿값이 비슷하지 않나요?
정신, 마음, 영혼 따위는
살아있는 사람에게도 적용되지만
넋은 죽은 이의 영혼을 가리킵니다.
사람이 느끼는 혐오대상은 장례식장이나
공원묘지, 멘탈 호스피탈 따위만이 아닙니다.

그림이나 글씨, 발음, 심지어 소릿값에서도
얼마든지 있을 수 있습니다.
죽은 자의 넋 아바타Avatar를
연고 없이 받아들이기는 그리 쉬운 것이 아닙니다.
따라서 '녁 사'의 '녁/넋' 때문에
넉 사四 자를 기피하게 되었습니다.

둘째, '넉 사四' 자 소릿값에서
'넉 사'는 '넋 사'와 같습니다.
우리가 넋을 사고판다고 하는 느낌은
비록 제아무리 마음을 비운다 하더라도
유쾌하게 받아들이기는 어렵습니다.
장기를 사고파는 행위도
도덕적으로 용서가 안 되는데
하물며 '넋 사'와 같은 '넉 사'이겠습니까?

셋째, 넉 사四 자와 그물 망罒자가
함께 쓰이는 경우가 있습니다.
그물 망罒자가 있는 경우
죄 죄罪 자를 비롯하여 벌할 벌罰 자처럼
안 좋은 느낌으로 다가오는 글자들이 있지요.
따라서 넉 사四 자를 기피합니다.

<038> 사四대大오五상商

넷째, 지금까지 한국인의 정서 속에
깊이 뿌리내린 소릿값입니다.
'넉' 과 '넋'은 새김의 소리이고
넉 사四 자와 죽을 사死 자가 지닌
글자 소릿값의 공통성입니다.
'죽을 사'와 발음이 같은
'넉 사'를 멀리하는 것은 당연합니다.
아라비아 숫자 '4'도 같은 뜻에서
기피 현상이 일어났습니다.

호텔에서 고층빌딩에서 4층을
4층 대신 영어 Four/Fourthly에서
이니셜 F를 따다가 F층으로 쓰고 있지요
어떤 때는 1층 퍼스트 플루어First floor와
혼용되는 해프닝이 있기도 합니다.

넉 사四 자는 큰 입 구口 안에
어진사람 인儿 자를 쓴 글자입니다.
또한 앞에서 언급한 대로
'넉 사皿'자가 있고
'넉 사亖'자도 있으며
'넉 사肆'자도 있는데

이 사亖 자를 세워놓은 것이 사皿자고
이 사皿 자를 세워놓은 게 사亖자입니다.

참고로 미리 앞당겨 말씀드리면
가로亖든 세로皿든 '넉 사'자는 수평, 수직인데 비해
'다섯 오五' 자나 또 다른 '다섯 오乂' 자는
엑스X자 형태를 띠고 있습니다.
그것은 다섯 손가락 수를 채우면
셈의 표기가 달라짐을 얘기함입니다.

0150 큰 대

<038> 사四대大오五상常

세상에서 큰 것이 무엇일까요?
하늘과 땅입니다.
어린아이에게 묻습니다.
"엄마가 좋아, 아빠가 좋아?"
아이는 영리합니다.
"엄마 아빠 다 좋아요."

"엄마 아빠가 얼마나 좋아."

아이는 두 팔을 들어 표현합니다.

"하늘 만큼 땅 만큼!"

여기서 입을 다물 수밖에 없습니다.

아이에게 있어서 하늘은 어떤 개념이고

땅은 또 어떤 개념일까요.

두 팔을 뻗어 크기를 표현하는

아이의 생각은 순수합니다.

계산 이전의 세계이기에 하늘이 땅보다 더 크고

땅은 하늘보다 작은 것이 아닙니다.

어렸을 때 하늘은 높은 곳에 있고

땅은 낮게 있다고 생각했습니다.

그러나 하늘이 더 큰지

땅이 더 작은지는 여태껏 알지 못했습니다.

왜냐하면 땅은 규모가 있지만

하늘은 어디서 어디까지라는

경계 구분을 할 수 없었으니까요.

지금이야 하늘의 경계가 분명합니다.

옛 선사들은 참으로 큰 것은 밖이 없고無外

193

<038> 사四대大오五조행

참으로 작은 것은 안이 없어無內

그 모양을 말할 수 없고

그 빛깔을 표현할 수 없다고 했습니다.

옛사람은 사대四大를 말할 때

하늘, 땅, 임금, 아버지라 했지요.

불교에서처럼 흙, 물, 불, 바람이 아닙니다.

요즘도 하늘과 땅은 '큰 것'에 집어넣습니다.

그런데 지금은 왕을, 수상을, 대통령을

국가 주석을, '큰' 범주에 넣으면

당장 어용으로 몰아붙이겠지요.

직장에서, 바로 윗사람도

장長 자 뒤에 님을 딱딱 붙이면서

한 나라 대통령에게는 존칭 자체가 없습니다.

따라서 사대를 얘기할 때

천대天大 지대地大, 부대父大는 그대로 적용하면서

군대君大의 군君은 나라로 풀이합니다.

나라가 소중한 거 맞습니다.

그러나 이와 같이 나라를 이끌어가는

국정최고책임자 대통령 역할도 중요합니다.

민주주의 국가에서는

대통령 자리에 있을 때만 대통령이지
시민의 자리로 되돌아온 뒤에는
계속해서 대통령은 아닙니다.
자격의 유무를 떠나
단지 핏줄이 같다는 것 하나만으로
국민의 공의를 거치지 않고
대를 이어 그 자리에 앉은 자라면
군대君大로 추켜주지 않아도 됩니다.

되레 국민의 손으로 뽑은 원수이기에
비판을 할 때는 날카롭더라도
군대君大에 넣을 수 있습니다.
그럼, 재야로 돌아올 사람은 어떠할까요?
비판은 날카로울수록 좋고
욕과 비하는 줄이면 줄일수록 좋습니다.
모두 같은 인격체이기 때문입니다.

그림씨 '크다'는 질량의 큼도 있지만
중요성을 들어 표현합니다.
이를테면 하늘이 크고 땅이 큰은
질량의 크기로 설명될 수 있습니다.
그러나 왕이나 아버지는 다르지요.

<038> 사四대大오五五장章

한 나라의 왕이 크고
한 가정의 아버지가 크다는 것은
왕이나 또는 아버지가
체구로 큰 것이 아니라
그의 중요성이 크다는 것입니다.

그러기에 군대君大를 얘기하고
부대父大를 얘기합니다.
여기서 부대도 그렇습니다.
지금이 조선시대도 아니지 않느냐고요.

어느 세상인데 무조건 대통령君大을 얘기하고
무조건 아버지父大를 얘기하느냐고요.
부대는 아버지에 편향되어 있으니
어버이의 뜻 친대親大로 바꾸어야 한다고요.
모두 좋은 생각입니다
그러나 학문은 정직함을 요구합니다.

오늘날과 같은 민주주의가 아니고
아버지의 권한이 절대적이던 때
쓰였거나 읽히던 책이라면
그 시대를 이해하는 입장에서

<038> 사四대大오五효경孝

문헌을 정직하게 해석해야 합니다.
오리지널 문헌은 바꾸지 않은 채
주석을 달아주는 것은 아무래도 좋습니다.

사대四大를 불교 입장에서 본다면
흙地 물水 불火 바람風입니다.
자연의 원소는 90여 종이 넘지요
게다가 화학적 원소와 함께
아직 발견되지 않은 원소까지 더하면
자연계에는 112종의 원소가
주기율표에 기록되어 있습니다.

그런데 이를 크게 묶으면
흙 물 불 바람을 벗어나지 않습니다.
사대는 아니지만 불교에서는
또 삼대三大를 얘기하기도 합니다.

삼대가 무엇 무엇입니까?
첫째는 본질의 소중함體大이고
둘째는 모습의 소중함相大이며
셋째는 쓰임의 소중함用大입니다.

모든 것은 원자原子atom로 되어 있습니다.
이게 곧 본질인 원자의 큼體大입니다.
모양, 빛깔, 소리, 냄새, 맛, 촉감 등
질량을 가진 것들이 중요합니다.
이것이 모습인 물질의 큼相大입니다.
생명을 가졌거나 갖지 않았거나
그것이 어떤 물질이든 간에 그들 모두는
나름대로 쓰임새가 있게 마련입니다.
이것이 다름 아닌 쓰임새의 큼用大입니다.

하늘이 크고 땅이 크고
왕이 크고 어버이가 크고
대지大地와 물과 불과 대기大氣의 큼이
다들 어디에 들어가느냐 하면
원자와 물질과 쓰임새의 크기라고 하는
이른바 삼대三大에 다 들어갑니다.
삼대에 들어있지만
워낙에, 워낙에 큰 것이기에
따로 얘기하면 사람大보다 큰 것은 없습니다.
사람이 두 팔 두 다리를 벌리고 선
당당한 모습을 본뜬 게 큰 대大 자입니다.

<038> 사四대大오五상常

五

다섯 오五 자는 두 이二 부수입니다.

이 다섯 오五 자를 찾으려면

두 이二 자 부수에서 뒤적여야 나옵니다.

두 이二 자는 하늘과 땅이고

가운데 깎을 예乂 자는

하늘과 땅이 어울려 있음을 나타냅니다.

우리가 쓰는 속담 중에

"하늘과 땅 차이"란 말이 있습니다.

너무 판이하게 다를 때 씁니다.

선어록의 하나인 《신심명信心銘》 첫머리에

천지현격天地懸隔이란 말이 나옵니다.

마음의 세계에서는 털끝만큼도

오류를 인정할 수 없단 말씀이지요.

그렇게 되었을 때

나비효과Butterfly effect에 따라

하늘과 땅처럼 벌어진다는 것입니다.

그런데 정말 하늘과 땅은
엄청난 거리감을 갖고 있습니까.
결론부터 얘기한다면
이 둘은 전혀 거리감이 없습니다.
왜냐하면 하늘과 땅은 단 한 순간도
서로 떨어져 있던 적이 없습니다.

하늘 속에 땅이 들어있으며
동시에 땅을 떠난 하늘도
우리 지구 생명체에게 있어서는
결코 있을 수가 없는 까닭입니다.

한문의 다섯 오五 자는
바로 이런 의미를 지닌 글자입니다
빛과 그늘, 낮과 밤, 흙과 물과 불과 바람이
끊임없이 하늘과 땅 사이에서 서로 교류합니다.
바람에 흙 먼지 모래 먼지가 날립니다.
물은 수증기로 몸을 바꿉니다.
불은 산소 없이는 불 붙지 않고
바람은 태양 에너지로 인해 끝없이 순환합니다.
어느 하나도 하늘 혼자만으로
땅이 저 혼자 운용運用하지는 않습니다.

<038> 사四대大오五상常

0152 떳떳할 상

떳떳함에는 부끄러움이 없고
당당하며 질서와 법도가 있습니다.
그런데 이 떳떳할 상常 자에는
옷의 마름질 디자인이 들어 있습니다.
천자문 '내복의상乃服衣裳'의 '상裳'에서
세상은 바지 입은 사람보다
치마 입은 사람이 훨씬 더 많으며
바지가 육신의 옷이라면
치마는 정신의 옷이라 말씀드렸지요.

바지와 치마는 본디
남녀 구별의 옷이 아니었습니다.
인류 최초의 옷이 치마였습니다.
인류가 부끄러움을 처음 알게 되면서
치부를 가리고자 풀잎을 엮어
허리에 두른 것이 옷의 시작이었지요.
왜냐하면 남녀 누구나 처음에는

풀잎으로 바지를 만들 수 없었으니까요.

바지가 등장한 것은 인류 역사상 최근의 일로
바지는 일하기 편리한 작업복입니다.
우리나라는 바지가 일찍 등장했지만
바지 위에 입는 두루마기와
예복은 다 주름진 치마입니다.
왕궁에서, 대처에서, 동헌에서도
멋진 유니폼은 모두가 다 치마입니다.

신부 옷이나 목사 옷이나
스님들 가사나 무슬림들의 옷이나
정신노동을 하는 이들은 물론
중요한 자리의 예복은 으레 치마입니다.

옷 디자인 발달은 바지가 아니라 치마였으며
작업복이 아니라 예복이었습니다.
요즘은 패션 모델에 남녀가 다 있지만
중세에는 여성이 대부분이었습니다.
그러므로 옷을 걸어둔 공간을
팬츠룸pants-room이라 하지 않고
드레스 룸dress-room이라고들 부릅니다.

<038> 사려대大오프상品

아무튼 치마를 만드는 과정에서

법도가 생겨났고 법도는 질서가 되었고

법도와 질서는 사람을 당당하게 만들었습니다.

상常은 수건 건巾 부수에 나오는데

수건이 옷이고, 옷이 의미소고

오히려 상尙 자가 소릿값에 해당합니다.

'할배 파탈femme fatale'도 옷이 80%입니다.

다섯 가지 상도常道는 인의예지신仁義禮智信입니다

<039>
공恭유惟국鞠양養
기豈감敢훼毁상傷

0153 **공손할 공**恭

0154 **생각할 유**惟

0155 **칠 국**鞠

0156 **기를 양**養

기르시고 가르치심 생각한다면
어찌감히 몸과마음 함부로하라

손 모아 공손히 생각할 일입니다.
첫째도 공손이고
둘째도 공손이며
셋째도 공손입니다
내가 가질 마음은 공손입니다.
어머니 태중에 들면서부터
264일 동안 예우를 받았습니다.
최상의 예우였습니다.

나는 어머니와 함께
영양소를 공유하였습니다.
삶의 주 에너지원으로
순발력에 도움을 주는 영양소
탄수화물을 공유했습니다.
어머니는 당신에게 공급되는
탄수화물의 99.99%를
아낌없이 내게 나누어 주셨습니다.

근육과 호르몬 등 신체조직의
주요 구성 성분이 될 순수 단백질의
99.99%를 나누어 주셨으며
장시간 운동시 주 에너지원으로서

체온 유지에 대표 격인 지방을
아낌없이 나누어 주셨습니다.
인간은 항온동물恒溫動物입니다.

항온동물은 글자 그대로
일정한 체온을 유지해야만
살아있을 수 있는 생명체입니다.
두루 알다시피 사람의 체온은 36.5℃입니다.
만일 35℃ 이하로 떨어진 상태에서
차가운 물에 빠져 있거나
찬 공기, 눈, 얼음에 장시간 노출되면
저체온증低體溫症으로 매우 위험해집니다.

첫째, 35℃ 이하 체온에서는
심장, 뇌, 폐 등 주요 장기 기능이 떨어지고
그때부터 몸은 오그라들기 시작합니다.
둘째, 27℃ 이하 체온에서는
맥박이 불안정하고 위험해지기 시작합니다.
셋째, 25℃ 이하 체온에서는
심장이 아예 멈춰버리고 맙니다.
당장 손을 쓰지 않으면 위험합니다.

악어, 뱀, 개구리, 물개 등
양서류兩棲類 변온동물變溫動物의 경우
체온이 내려가면 곧바로 햇볕을 쪼여
다시 체온을 높일 수 있습니다.
그러나 변온동물들도 체온이 계속해서 내려가면
어떤 활동도 하지 못한 채
그대로 멈추어 있을 수밖에 없습니다.

이를테면 뱀, 악어 등 파충류들은
먹이가 눈앞에 있더라도
체온이 너무 내려가면
체온을 보충하기 전에는
어떠한 사냥도 하지 않습니다.
아니, 사냥에 대해 생각할 수조차 없습니다.
그렇게 놓고 보면 항온동물이든 변온동물이든
에너지가 중요하긴 참 중요합니다.

어머니는 태아인 내게
주요 영양소의 기능을 돕는 한편
몸의 기능을 유지하는 비타민 99.9%를 주셨고
삼투압을 통하여 체액을 조절하는
무기질의 99.99%를 나누셨지요.

어디 그뿐인가요?
체온 조절, 영양 운반
노폐물 배출을 담당하고 있는 물
이 물의 99.99%도 어머니는
내게 아낌없이 나누어 주셨습니다.

이들 영양소의 99.99%를
모두 아기에게 나누었다는 데이터가 있느냐며
묻는 분이 있기에 나는 웃으며 얘기합니다.
퍼센테이지percentage는 내가 붙인 이야기고
그만큼 자식에 대한 어머니 사랑이
절대적이라는 표현을 쓰고 싶었다고요.
자식에 대한 어머니 마음이
어디 99.99%에서 멈추겠습니까?

천자문에서는 얘기합니다.
낳고 길러주신 은혜를 생각하면
애오라지 감사한 마음일 뿐이라 했는데
알고 보면 태어난 이후만이 아닙니다.
태어남이란 '태에서 나옴'의 약어이지요
어머니 태내에 있을 때도
어머니의 몸은 어느 선사의 말처럼

자궁을 빌려주는 것으로 끝나는 게 아니었지요.

심지어 어떤 선어록禪語錄에 보면
어머니를 껍데기에 견주기도 했는데
내가 그 자리에 있었다면
그를 주장자로 흠씬 두들겨 패서
미친개나 주린 개에게 던져 주었을 것입니다.
부처를 죽이고, 조사를 죽이는 것쯤이야
용서할 수 있을지 모르나
어머니를 껍데기로 표현하는 설은
어떤 경우라도 용서가 되지 않습니다.

태내에서 아기는 수영부터 배웁니다.
아기는 여러 가지 수영법을
완벽하게 익혀 둡니다.
물론, 모태로부터 벗어나는 순간
모태 내에서의 삶을 깡그리 잊겠지만
아기는 태내에서 수영하는 법을 배웁니다.
자유형, 배영, 접영, 평형 등
어떤 수영도 완벽하게 익힙니다.

아기는 모태the mother womb 내에서

축구도 하고 권투도 합니다.

기계체조도 익힙니다.

그래서 때로는 발로 차고

주먹을 불끈 쥔 채 펀치punch를 날리며

태내에서 온갖 묘기를 다 부립니다.

아기는 이미 모태 내에서

말하고, 듣고, 냄새 맡고, 맛보고

접촉하고, 생각하는 감관을

하나도 빠짐없이 죄다 구사합니다.

우리가 어버이에게 감사함은

바로 이런 치열한 삶을 위한 교육이

태내라고 해서 소홀하지 않았음에 대해

감사하고 또 감사하는 것입니다.

부모님을 생각할 때

나를 낳아주고, 나를 가르치고

나를 먹여 길러주셨다 하는데

이 '치다' '기르다'라는 움직씨는

모태 내에서부터 이미 시작된 것입니다.

<039> 공恭유惟국국鞠양養

《한원따시漢文大系》제5책 [샤오쒸에찬주小學纂註]
〈내편內篇〉'입교제1立敎第一'에
다음과 같은 '태교이야기'가 나옵니다.

열녀전列女傳에 이르기를,
옛날에는 부인이 아이를 배게 되면
누워도 삐딱하게 눕지 않으며
앉아도 모서리에 앉지 않으며
설 때 외발로 비스듬히 서지 않으며
삿된 맛의 음식은 먹지 않으며
반듯하게 썰어 놓은 떡이 아니거나
모서리 고기는 먹지 않으며
반듯하지 않은 자리는 앉지 않는다.

눈으로 부정한 것을 보지 않으며
귀로 음란한 소리를 듣지 않으며
밤이 되면 앞 못 보는 이에게
시를 암송하게 하고
반듯한 이야기正事만을 하게 하였다.
만약 이와 같이 한다면
태어난 아이가 용모 단정하고
재주가 보통사람보다 뛰어나리라.

열댓 살 어린 나이에 이 글을 읽으며
나는 훈장님께 물었습니다.
"스승님, 이 태교대로 한다면
정말 총명한 아이가 태어날 수 있을까요?"
이에 대해 서당 훈장님이 답하셨습니다.
"옛말 하나도 그른 것이 없단다."
내가 고개를 주억거리자
훈장님이 한마디 덧붙이셨습니다.
"나중에 네가 자라 어른이 되어
장가들고 아버지가 되거든 실천해 보거라."

나는 이 글을 읽은 지 8년 뒤
절에 들어와 부처님 법을 만난 까닭에
태교를 실천하지는 못했으나
지금도 일리가 있다고 생각합니다.
어쩌면 과학 못지않은 것이 생명의 윤리며 도덕이고
자녀들, 젊은이들에 대한 교육일 테니까요

0153 공손할 공

恭

여기 공손할 공恭 자에는
말이나 행동이 겸손하고 예의 바르며
공손해야 함을 담고 있습니다.
다시 말해 공손할 공恭 자는
소릿값으로 한 가지 공共 자가 있는데
이 소릿값에 무엇이 깃들어 있습니까?
심방변忄의 다른 글자 '마음심밑 '으로
바탕을 이루고 있지 않습니까?

이 공손의 의미에는 직분을 다하다를 비롯하여
말과 행동을 조심하다, 매사에 삼가다, 가르침을 받들다
섬기다, 높이다, 존중하다, 크다, 순종하다, 조심하다
고분고분하다 등 다양한 뜻이 담겨 있으며
같은 자로 공손할 공恭 자가 있습니다.

공손할 공恭 자는 생각할 유惟 자와 더불어
'삼가 생각하다'라 풀이합니다.

0154 생각할 유

惟

생각할 유惟 자는 '오직 유'로 새기기도 합니다.
심방변忄에 새 추隹 자를 덧붙였는데
심忄이 뜻이고 추隹는 소릿값이지요.

0155 칠 국

鞠

칠 국鞠 자는 움직씨 '치다'입니다.
보통 '기르다'를 '치다'라고도 하는데
'치다'도 표준어에 들어갈까요?
'치다'라는 움직씨도 '기르다'라는 움직씨와 함께
표준어에 들어가는 게 맞습니다.
혹 '치다'가 옛말이 아니냐고요?
으레 맞습니다. '치다'는 옛말인 동시에

오늘날 표준어에도 그대로 적용되고 있습니다.

이조 숙종 때 영의정을 지낸 위대한 문인
약천 남구만의 시조가 한 수 있는데
저 유명한 《청구영언靑丘永言》에 들어 있습니다.
시조를 감상해볼까요?

동창이 밝았느냐 노고지리 우지진다
소 치는 아이는 상기 아니 일었느냐
재 너머 사래 긴 밭을 언제 갈려 하나니

'치다'에는 몇 가지 뜻이 있는데
첫째는 때림打이고, 둘째는 기름養입니다.
칠 국鞠 자는 공차기 축국蹴鞠에서 온 글자로서
발로 차는 공, 축구공이 지닌 뜻입니다.
따라서 '공 국'으로 새기기도 합니다.
이 국鞠은 타구打球에 쓰던 공으로
말 타고 경기할 때 쓰던 공입니다.
골프채처럼 생긴 채를 쓰는데
폴로polo와 비슷한 경기입니다.
아무튼 칠 국鞠 자는 스포츠 용어 중 하나입니다.

따라서 '치다' '기르다'라는 말에서
국鞠 자는 스포츠의 의미가
양養 자는 영양의 의미가 담겨 있습니다.
이미 태내에서 비롯된 스포츠와 영양 문제를
태어난 뒤에도 쭉 이어오면서
애써 주신 은혜를 두고두고 생각하는 것이
곧 공유국양恭惟鞠養의 뜻입니다.

0156 기를 양

'양치기 소년'이란 말이 있습니다.
양을 치는 소년이란 뜻이지요.
기를 양養 자에 '양치기'가 들어 있습니다.
양 양羊에 밥 식食을 붙인 게 기를 양養이니까요.
기른다는 데는 크게 2가지가 있는데
첫째는 정신세계를 기름이고
둘째는 영양을 고르게 섭취함입니다.
영양이 결핍되거나 지나쳐도 안 되지만

편식하거나 해서도 안 됩니다.

기를 양養 자의 양羊이 온순한 동물이듯
마음의 세계가 온순하고
밥 식食 자의 밥이 허기를 면하듯
배고픈 일이 있어서는 안 됩니다.
따라서 공유국양恭惟鞠養은
자녀 입장에서 느끼는 고마움이며
부모입장에서는 자녀의 교육 문제를
더 진지恭하게 생각惟해야 한다는 뜻입니다.

<040>

공恭유惟국鞠양養
기豈감敢훼毀상傷

0157 **어찌 기**豈

0158 **감당할 감**敢

0159 **헐 훼**毀

0160 **상할 상**傷

기르시고 가르치심 생각한다면
어찌감히 몸과마음 함부로하랴

0157 어찌 기

豈

인생은 물음입니다.
새벽에 일어나자마자 묻고
아침에 묻고, 한낮에 묻고, 저녁에 묻습니다.
잠자리에 들기 전 묻고
자다가 중간에 깨어서도 묻습니다.

무엇을 묻습니까?
'나는 누구인가?'를 묻습니다.
나는 무엇으로 이루어졌고
내가 지금 여기 이렇게 있기 위해서는
어떤 인연들이 있었는지 묻습니다.
사람들과의 소중한 인연이 있고
입성衣, 먹성食, 쉼터住의 인연이 있습니다,
오고 가고 앉고 눕는 데 필요한
인연들이 있었을 것이니
이들 인연에 대해 묻습니다.

<040> 기豈감敢훼毁상傷

'나'라는 생명이 이렇게 존재하기 위해
얼마나 많은 것들이 필요할까요?
시간의 입장에서 보면
우주 역사 137억 년은 접어두더라도
태양계 46억 5천만 년 역사는
고려하지 않을 수 없습니다.
이 46억 5천만 년 가운데
단 한 해, 단 하루, 1분, 1초도 잘라낸 채
내 생명을 말할 수는 없습니다.

지구가 형성되고 나서
지구를 감싸고 있는 대기와
1AU에서 날아오는 태양에너지,
이들 에너지에 묻어오는 방사능 태양풍,
이들을 걸러주는 일곱 겹 그물七重羅網 장치
아! 지구의 자기장이 없다고 하면
지구상 어떠한 생명체도
숨 쉬고 살아 있을 수가 없습니다.

내가 살아서 움직인다고 하는 것은
내 삶이 다른 것, 다른 생명체들에 의해
태어나고, 성장하고, 유지되고

<040> 기블간敫해毀상傷

그러면서 조금씩 소멸로 나아가듯이
나 또한 다른 생명들에게
시나브로 영향을 준다는 사실입니다.
왜냐하면 세상의 이치란
퍼주기만 하는 일도 없지만
받기만 하는 일도 없는 까닭입니다.

심장에서부터 온몸으로 혈액을 나르되
다시 심장으로 돌아오지 않는다면
시스템 자체에 과부하가 걸려
끝내 생명을 유지할 수 없게 됩니다.
우리네 얄팍한 지혜 중생薄智衆生들은
부처님으로부터 가호를 받고
동시에 우리 중생들은 부처님께
전혀 다른 기쁨과 행복을 돌려드립니다.

바다는 강물을 받아들입니다.
거부하지 않고 모두 다 받아들입니다.
모두 다 받아들이기에 '바다'라 부릅니다.
그럼 바다는 받아들이기만 하고
내놓는 것이 전혀 없을까요.
바닷물이 늘지 않음은 순환의 법칙 때문입니다.

바다는 흐름을 받되 동시에 수증기를 내 주고
덤으로 바람까지 불어 보내줍니다.

학문學問은 배우學고 물음問이지만
다시 보면 물음問을 배우學는 것입니다.
어떻게 물을問까를 배움學이
다시 말해서 묻는 법을 배움이 학문이지요.
학문을 학문學門이라고도 합니다.
이는 묻는 법을 배움과 달리
인생의 문門을 어떻게 열고 닫을지 배움學입니다.
학문을 때로 학문學文이라고도 씁니다.
글을 배우고 문화를 배움입니다.

글은 인문학人文學humanities이고
문화文化는 문명의 변화 곧 컬처culture입니다.
인간이 인간일 수 있음은
문화를 알고 문명을 아는 것입니다.
정신세계의 문화를 꽃피우고
솜씨와 기술 문명을 키울 줄 알기에
어느 생명들보다 사람이 위대한 것이지요.

그러나 더욱 위대한 것은

묻고 답할 줄 안다는 데 있습니다.

인간 이외의 어떤 생명체도 문답은 없습니다.

여기 천자문에서 '어찌 기豈'자는

이름씨名詞에 대한 물음이 아니고

움직씨動詞를 물은 것이며

어찌씨副詞를 물은 것입니다.

'나는 누구인가?'

'마음이 무엇인가?'

'나는 어디에 있는가?'

'마음이 어디에 있는가?'도 중요합니다.

그런데 움직씨나 어찌씨 입장에서

'인생을 어떻게 걸어갈 것인가?'

'나는 지금 어디쯤 걸어가며 어디를 향하고 있는가?'

'내 삶의 목적지는 과연 어디일까?'

'이 걸음이 올바르기는 한 걸까?'

이런 질문에 쓰이는 글자가

여기 바로 이 '어찌 기豈' 자입니다.

어찌 기豈 자는 뫼 산山 자 아래

콩 두豆 자를 놓은 글자로서

산山 자는 향 연기가 솟아오름이고

<040> 기豈감敢훼毀상傷

두표 자는 제주祭主가 올리는 정성의 잔입니다.

또 두효 자는 북을 올려놓은 모습이지요.

북을 치고 신에게 제祭를 올릴 때

시나브로 나오는 감탄사가 '얼쑤!'며 '어쩌면!'입니다.

이 '어쩌면'이 변화를 거치면서

'어찌'라는 의미소로 자리잡은 것입니다.

0158 감당할 감

敢

<040> 기쁠감敢訶毁상傷

음악을 들으면 흥이 일어납니다

특히 좋은 음악을 듣노라면

가슴을 꽉 채워 벅차오르는 느낌을

주체하지 못할 때가 많습니다

감당할 감敢 자가 등글월문攵에

귀 이耳 자를 옆에 붙였는데

등글월문攵 자는 악기를 연주함이고

귀 이耳 자는 음악을 들으면서

벅찬 느낌을 감당한다는 것입니다

감당이 곧 느낌입니다

0159 헐 훼

毁

헐 훼毁 자는 갖은등글월문殳 부수며
흙 토土 자가 뜻이며 기왓장과 관련이 있습니다.
다시 말해서 '기왓장이 깨지다'라고 하는
가장 일반적인 뜻을 담고 있습니다.
기왓장은 지붕 잇는 기왓장이 아닐 수 있습니다.
기왓장을 굽는 시스템으로
잘 구운 그릇을 얘기할 수 있지요.
갖은등글월문殳은 실제는 몽둥이 수殳 자입니다.

몽둥이로 옹기나 질그릇을 깨는 일,
그릇을 만드는 도예가陶藝家들은
가마에서 갓 구운 그릇을 꺼낼 때
작품 가치가 없다고 여겨질 경우에는
가차 없이 바닥에 내던져버립니다.
우리 눈으로 보았을 때
"저 아까운 것을!"하며 안타까워하지만
작가에게는 제대로 된 작품이

무엇보다 더 소중한 까닭입니다.

뚜안위차이段玉裁Duanyucai(1735~1815)는
중국 칭淸qing나라 때 문자학, 음운학
고증학의 대표적 학자입니다.
그의《쑤어원쮀에즈주說文解字注》는
중국 어문학 역사상 가장 돋보이는
문자학에 있어서는 그야말로 세기의 명작입니다.
나는 이 위대한 학자 뚜안위차이의
명저《說文解字注》를 늘 옆에 끼고 삽니다.

그는 그의《說文解字注》에서
헐 훼毀 자를 결缺이라 했습니다.
결은 '이지러질 결'이라 새기며
결자의 왼쪽 부수 장군부缶가 '옹기'며 '질그릇'입니다.
오른쪽 쾌夬 자는 '깨질 쾌'자로 질그릇 깸이지요.
장인정신匠人精神이란 말은
나무 조각가에게서 비롯된 말인데
나중에 도예가라든가
어떠한 한 방면에 깊이 정진하여
크게 이름을 드날린 사람들을 일컬어
장인匠人이라 부르게 되었습니다.

<040> 기블긤毁훼毁상傷

뚜안위차이는 문자학文字學을 비롯하여
음운학 고증학에서는 명장 중의 명장名匠입니다.

그런데 현행하는 글자로 보면
헐 훼毁 자는 갖은등글월문攵이 맞습니다.
그러나 왼쪽 자는 절구 구臼와 장인 공工입니다.
절구를 만들 때 돌로 만들었다면
으레 깨질 수 있습니다.
몽둥이 등 단단한 물건으로 내려치면 깨지겠지요.
그러나 디딜방아 확과 달리 절구는
돌절구 외에 나무절구를 즐겨 깎기도 했습니다.

돌절구와 나무절구는 장단점이 있습니다.
돌절구는 곡물을 넣고 찧을 때
정백精白기능 면에서
나무절구보다 뛰어납니다.
나무절구에 나무공이라면
절구 수명은 오래가겠지만
찧음 쪽에서는 기능이 뒤지겠지요.

<040> 기름감毁훼상傷

0160 상할 상

傷

보통은 '상할 상'이라 새기는데
그보다는 되레 '다칠 상'으로 새김이 좋습니다.
움직씨 '상하다'라는 말은
사람 외에 소 말 개가 다쳤을 경우에도
으레 이 다칠 상傷 자를 씁니다.
이 상할 상, 다칠 상 자가 무슨 변입니까?

맞습니다. 사람인 亻 변에 쓰였고
소릿값에 해당하는 오른쪽 글자도
사람인 人 자를 머리에 이고 있습니다.
따라서 '상할 상'이라 새기지만
사람 다칠 상, 사람 상할 상으로
새김을 바꾸었으면 하고 생각해봅니다.

사람이 다치거나
상처를 입거나 했을 때는
으레 이 상傷 자를 쓸 수 있습니다.

<040> 기쁠감歡훼毁 상傷

그런데 만일 애완견이 다쳤다면
큰개 견犭 변에 써야 하고
축산업 농가에서 소가 다쳤다면
소 우牛 변에 쓴 글자를 써야 하겠지요.
그런 글자가 있는지 모르지만

심지어 생명이 없는 물건에
흠집이 났을 경우에도
생채기라고 말만 바뀌었을 뿐
생채기의 생이 상傷에서 왔거든요.
옛날에는 없던 한문이 나왔다고
한때 문자 개그로 떴는데
이를테면 '텔레비 테'자가 있고
'놀랄 노'자가 있다고도 했습니다.

글자는 필요에 따라 만들어집니다.
그런 논리가 어디 있느냐고요?
단어나 용어는 인간이 살아가면서
필요에 의해 새롭게 태어납니다.
컴퓨터가 등장하기 전에는
찾아볼 수 없던 용어들이 나왔고
소프트웨어를 비롯한 숱한 컴퓨터 용어들이

사전에 꽤 많은 비율을 차지합니다.

그렇다면 뜻글자를 표방하는 한자문화권에서는
문화와 문명에 따라 숱한 글자들이
끝없이 생겨날 수밖에요.
상할 상 다칠 상傷 자
한 글자를 놓고도 표현할 수 있습니다.
그러나 현존하는 중국 모든 한자가
같은 시대에 한꺼번에 짜잔~ 하고
다 만들어진 것은 아닙니다.

뚜안위차이 선생이 당시 문헌들을 찾아 연구하면서
역저《說文解字注》를 만들었다고 한다면
컴퓨터 시대에 누군가가 한자를 손수 만들어내고
컴퓨터 시대에 맞는 파자破字도 할 수 있습니다.
다칠 상傷 자는 어떠한 사고가 일어났을 때
다행히 죽지 않은 이가 있다면
그를 가리켜 쓰는 말이라 하겠습니다.

기감훼상豈敢毁傷을 읽노라니
문득《쌰오징孝經xiaojing》이 생각납니다.
쌰오징 첫머리 '개종명의장開宗明義章'에서

<040> 기믈감敢훼毁상傷

콩쯔孔子kongzi께서는 말씀하십니다.

신체발부 수지부모 불감훼상 효지시야
身體髮膚 受之父母 不敢毀傷 孝之始也

"몸과 두 팔 두 다리와 터럭과 피부와
심지어 손톱 발톱까지도
모두 부모에게서 받은 것이다.
감히 다치거나 못쓰게 하지 않음이
이것이 곧 효의 시작이니라."

녀女모慕정貞열烈
남男효效재才양良

0161 **계집 녀女**

0162 **사모할 모慕**

0163 **곧을 정貞**

0164 **매울 열烈**

여자라면 곧은절개 사모의대상
남자라면 어진사람 본을받으라

0161 계집 녀

女

쓸 얘기가 너무 많아 쓰지 못합니다.

아닙니다. 쓸 얘기가 없습니다.

아는 게 그다지 없습니다.

인터섹슈얼Intersexual?

역시 잘 모르겠고 느낌으로만 생각할 뿐입니다.

총체적으로 여자女를 얘기할 때는

젖÷을 표시하지 않습니다.

여자라는 단어에는 엄마를 포함하여

갓난아기까지 모두 해당하기 때문입니다

그러나 만일 어미 모母 자를 얘기할 때는

어미 모母 자처럼 2개의 젖무덤을 표시하지요.

어미 모母 자를 살짝 굴려 비틀어 놓으면

엄마 젖이 제대로 드러납니다.

엄마와 여자는 같은 틀에

젖이 표시되었느냐 아니냐일 뿐입니다.

젖÷을 표시한 게 어머니母이고

표시를 생략한 게 그냥 여자女입니다.

0162 사모할 모

'그릴 모'라고도 새기는데

사랑하는 마음이 간절함을 그리움이라 표현하던가요.

그리워하고 사모함에 있어서는

마음이 뿌리줄기根幹입니다.

심방변忄이 마음심밑忄이 되어

아래에 붙인 것이 바로 그러한 방증입니다.

사랑이란 상대의 마음씨만이 아니라

상대의 말씨, 맵씨, 솜씨까지 모두 사모하기 때문에

형태의 뜻으로 막莫을 놓았습니다.

0163 곧을 정

貞

요즘도 세계적으로 많은 사람들이

생년월일을 바탕으로 미래의 삶을 알고 싶어합니다.

먼 곳으로 여행할 때 길하고 좋은 날을 가리고

느닷없이 닥칠 액운厄運을 방지하고자

데일리 데스티니Daily destiny를

하루도 거르지 않고 검색한답니다.

곧을 정貞 자에는 미래를 점친다는 의미의

점 복卜 자가 올라 있습니다.

어디에? 재물貝 위에 올라 있습니다.

삶에 있어서 경제는 중요하니까요.

우리는 재물을 뜻하는 조개 패貝 자가

화폐를 대신하던 자개에서 왔다고

지금까지 믿고 있었습니다만

이 곧을 정貞 자를 놓고 보면 좀 다릅니다.

곧을 정貞 자는 생략된 솥 정鼎 자에서 기인합니다.

솥鼎 안의 곡물目은 그대로 두고 솥의 세 발을

두 개人로 줄였을 뿐 큰 틀에서는 바뀐 게 없습니다.

솥발을 줄인다는 게 뭔지 아십니까?

다름 아닌 회사의 구조 조정입니다.

곡물을 그대로 둔다는 것은

솥 크기에 따라 밥의 양만 줄일 뿐

생산 품목까지 바꾸지는 않습니다.

경제의 힘은 음식이며, 곧 '밥심'입니다.

엥겔계수Engel's coefficient입니다.

회사 쪽 엥겔계수를 생각하면

숟가락 하나 더 놓는 것인데

그런데 어디 숟가락으로 끝납니까?

임금이 지불되어야 하니까

어떻게든 식구를 줄이려 하겠지요.

아무튼 구조 조정에서조차

자유로울 수 있다면 올곧음이겠지요.

아닙니다. 올곧음이 아니라 바보일 수도 있습니다.

서로 생존이 걸린 상태인데

회사도 오죽하면 그러겠습니까?

자신의 엥겔계수는 섭취욕입니다.

섭취욕에서 초연하다면 성욕과 명예욕도 초연할까요.

<041> 내女모幕정眞열烈

여성의 자존심이여!
여성들은 자존심 하나 때문에
회사를 곧잘 그만둔다고 하는군요.
곧을 정貞 자를 들여다보다
하늘의 덕乾之德이 생각납니다.

원형이정은 건지덕이니 시어일기하고
상락아정은 불지덕이니 본호일심이라
元亨利貞乾之德始於一氣
常樂我淨佛之德本乎一心
원형이정은 하늘의 덕이니
하나의 기운에서 비롯되고
상락아정은 부처의 덕이니
한 마음을 근본으로 하느니라

0164 매울 열

매울 열은 '맵다'고 풀 수도 있지만

'세차다'라고 새길 수도 있습니다.

여기서 '맵다'는 말은 맛이 아닙니다.

맛이 매울 때는 매울 신辛 자를 쓰지요.

우리가 보통 얘기할 때 참 '매서운 사람'이라고 하든가

'손끝이 맵다'라는 표현을 쓰곤 하는데

이는 혀로 느끼는 매움이 아닙니다.

이 매울 열烈 자의 매움은 맛의 매움이 아니고

성깔이 독하고 사납거나 솜씨가 빈틈없고 야무지거나

'남의 밥은 맵고도 짜다'고 할 때의

그 매움이 포함될 것입니다.

또는 추울 때 매서운 추위라 하듯

날씨가 사나울 때 쓰는 말이기도 합니다.

여기서는 여성의 지조가 강해

어떤 경우라 하더라도 경계 너머는 허락하지 않음입니다.

열녀는 뜨거운 여자가 아니고 지조가 강한 여자지요.

여기서는 이것이 곧 매움입니다.

경계를 허락하지 않는다 해서

본능조차 무딘 것은 결코 아닙니다.

사실 뜨거운 사람일수록 마음은 차갑게 지닙니다.

타오르는 본능烈을 가라앉히는 힘

예나 이제나 인간사회에서는

자신들의 욕구와 상관없이

여성들에게 은근히 요구해왔습니다.

여모정열女慕貞烈이라

다시 읽어 보며 이게 무슨 뜻일지

다시금 생각해 봅니다.

<042>

녀女모慕정貞열烈
남男효效재才양良

0165 **남자/사내 남男**

0166 **본받을 효效**

0167 **재주 재才**

0168 **어질 양良**

여자라면 곧은절개 사모의대상
남자라면 어진사람 본을받으라

0165 남자/사내 남

男

사내와 사나이는 같은 말인데
사내라고 하면 비속어로 느껴지고
사나이라면 매우 멋있게 느껴집니다.
이는 여자도 마찬가지입니다
'각시' '가시'에 접두어 '아'를 붙여 '아가씨'라 부르고
아가씨에서 '가'를 생략한 채 '아씨'라 부르더라도
두 호칭의 느낌이 많이 다르지요
아가씨는 그냥 평범하고 쉬운 말이고
아씨는 뭔가 지체 있는 집안의 여인 같지요.

아무튼 이는 '가시' 또는 '각시'에서 왔고
이 또한 어원은 '계집'에서 왔습니다.
'집에 겨시다'를 도치倒置시켜 '겨집'이라 불렀지요.
그러던 것이 '겨시다'가 '계시다'로 변환하면서
'겨집'도 '계집'으로 되었습니다.
아무튼 사나이보다 사내가
각시보다 계집이 비속하게 느껴지지요.

요즘은 유니섹스unisex라고 하여
여남평등女男平等/양성평등을 얘기하는데
조선조에서는 어림도 없었습니다.

양성평등兩性平等이나 또는 여남평등은
두 가지 성을 설정한 것으로서
분명 여성이 있고 남성이 있기는 있되
가치의 우열을 설정하지 않음입니다.
성 자체를 무시하는 단성單性처럼
두리뭉실한 성性은 결코 아닌 것이지요.
자, 어떻습니까?

사내 남男 자는 밭 전田 자 부수에 들어 있으며
밭 전田 자에 힘 력力 자입니다.
다시 말해서 농사꾼입니다.
농경사회에서 남자는 거의가 농부지요
그럼 농부 이외 남자는 남자가 아닙니까?
파자로 보면 사내 남男 자가 농부지만
큰 뜻으로는 바깥일 하는 자입니다.

요즘은 바깥일을 하는 사람이
남자에게 국한되지 않습니다.

규방閨房을 벗어난 여성의 활동이

남성 못잖게 왕성하지요.

어떤 종목에서는 남성보다

두드러지는 분야가 상당히 많습니다.

따라서 '밭일하는 이가 남자'라는

파자법으로 구분하기는 어렵게 되었습니다.

중요한 것은 밭 전田 자를

어떻게 풀이하느냐에 달려 있습니다.

바깥을 에워싼 큰 입 구口는 우주입니다.

우리 지구를 포함한 우주입니다.

우주로 보지 않는다면

우주 과학에 종사하는 사람들과

항공학과 관련된 종사자들은

직업의 세계에서 빠지기 때문입니다.

지구를 포함한 우주를 일터로 삼아

열심히 땀 흘려 일하는 곳이 여성 금지 구역이던가요?

엊그제 한미 '우주협력협정'이

한미 두 나라 사이에 체결되었습니다.

350조 원이라는 어마어마한 프로젝트를

한국과 미국이 함께해 나가기로 체결한

매우 뜻깊은 역사적 사건입니다.

조선시대 이전으로 거슬러 올라가
문 틈閨을 통해 세상을 보던
규방閨房에 여성을 묶어 두시렵니까.
밭 전자 큰 입구口 안의 열 십十 자는
시간 l 과 공간一의 교차입니다.
시간과 공간을 묶어 우주라 표현합니다.
이는 한문 '우주宇宙'의 해석입니다.

영어의 유니버스the universe도
코스모스the cosmos도
스페이스타임Space-time도
한자의 해석을 벗어나지 않습니다.
나는 여기에 덤으로 우주인을 포함합니다.
우주인은 외계인이 아니라
우주에 관심을 가진 눈 뜬 사람입니다.
우주 안에서 일하는 사람
시공간을 연구하고 개척하는 이들
이들이 곧 밭 일男하는 이들입니다.

여기에 남녀는 없습니다.

한미'우주협력협정'을 통해
앞으로 우주 산업에서 일할
한국과 미국의 여성 물리학자의
활동과 뛰어난 역할을 나는 기대합니다.

언젠가 말씀드렸지만
불교, 기독교, 이슬람, 힌두교를 비롯하여
유대교도들의 옷까지도 모두 치마입니다.
정신적 세계를 이끌어가는 이들은
치마를 입는다고 했습니다.
치마는 뇌를 쓰는 자의 옷이고
바지는 몸을 쓰는 자의 옷이라고
나는 여러 차례 구분해서 말씀드렸습니다.

밭田에서 힘力껏 일하는 자가
곧 사내라는 말은 맞지 않습니다.
'치마 입은 불한당' '앙칼진 성격'이라며
연일 거친 표현을 통해
대한민국 대통령을 성 차별화하는
북한의 언칭필 지도자들을 보며
'남북이 아직은 좀 많이 멀었구나' 싶습니다.
오죽이나 지지리 못난 녀석들이면

성性을 들먹이며 주절거릴까 싶습니다.

0166 본받을 효

등글월문攵 부수에 사귈 교爻 자를
철썩 붙여 놓은 본받을 효效 자를 보면서
참 멋있는 글자도 있다 생각합니다.
사귈 교爻 자를 다시 파자하면
돼지해머리 두亠에 여덟 팔八 자와
깎을 예乂 자를 놓고 있습니다.

그런데 이 풀이보다는
좀 색다르게 풀 수도 있습니다.
등글월문攵 자는 회초리의 뜻이니까
그는 그대로 두고 왼쪽의 사귈 교爻 자는
여섯 육六 자 아래에 섞일 예乂 자입니다.
예로부터 하루를 여섯 때로 나누고
낮 여섯 때 밤 여섯 때로

<042> 남男묘효效제才양良

다시 나누기도 하였습니다.

이 여섯 때, 곧 밤이나 낮이나
남자는 자기의 기량을 갈고 닦고
자기 전공에 매진하여
그 부분에서 최고가 되라는 내용이
남효재량男效才良입니다.
사람이라면 이를 본받아
완전한 자기 것으로 소화하기 위해
끊임없이 자신을 채찍질하고
자기를 위해 회초리를 들어야 할 일입니다.

본받는다는 말은 본本이 있고
그 본이 되는 뿌리와 몸통
줄기가 있다는 가정이 있습니다.
그리고 그 본의 가치는 던져버릴 가치가 아니라
지키고 이어갈 가치이어야 합니다.
만일 그렇지 않고 단지 전통이기 때문에
계승한다는 것은 시간 낭비며 힘 낭비입니다.

남자는 밭에서 일하는 자라
집안일 거드는 일은 전통에서 어긋난다 하고

여자는 규방 곧 안방의 존재라
바깥일을 해서는 절대 안 된다고 한다면
그런 전통은 던져버릴 가치입니다.

남녀칠세부동석男女七歲不同席이라 하여
일곱 살부터는 남녀를 구분 짓고
유치원생으로부터 성인이 되기까지
한 자리에 앉지 못하게 한다면
이 또한 쓰레기통에 버려야 할 가치입니다.
결코 전승할 문화가 되지 못합니다
따라서 본받는다는 것은
과거와 현재의 문화를 되돌아보고
그것이 현실에 어떻게 적용될지
먼저 숙고할 필요가 있습니다.

요즘 서울을 비롯한 수도권에서는
서예 학원을 찾는 게 어렵습니다.
'하늘의 별따기'가 맞습니다.
펜글씨를 가르치는 곳은 더욱 찾기 어렵습니다.
수행자인 나도 그러하여 철필에 잉크를 찍어가면서
펜글씨를 써본 게 언제인지 모릅니다.
벼루에 먹물을 갈아 붓을 담근 뒤

<042> 남男효效제才양良

일필휘지로 써본 적도 까마득합니다.

체본을 받아본 게 으레 옛날일 수밖에요.
더러는 뉴스에 복고풍이라 하여
펜글씨를 쓰고 붓글씨를 쓰는
재밌는 기사를 내보내곤 합니다만
거의가 일회성에 그치고 맙니다.
컴퓨터와 스마트폰에 밀려 원고지는 고사하고
결혼 예물에 만년필이 빠진 지가
아주 먼 옛날이야기라고 하더군요.

0167 재주 재

재주 재 才 자는 나무뿌리입니다.
재주가 나무 뿌리라고요?
그렇습니다. 나무 뿌리가 맞습니다.
대지ー 위에 약간 고개를 내밀고
땅 속으로 곧게 ㅣ 뻗어나간 큰 뿌리와

옆 丿 으로 뻗어가는 실뿌리를
글자로 표현한 게 재才자입니다.

그렇다면 지표 一 위로 솟은 줄기는
왜 그렇게 작게 표시했을까요?
뿌리를 강조하다 보니 곧은 뿌리 丨 와 잔뿌리 丿 에 비해
으레 작을 수밖에 없습니다.
그렇다면 재주는 무엇일까요.
그렇습니다. 솜씨며 말씨며 맵씨입니다.
다름 아닌 예술이고 기술입니다.

남자는 농사일만 아니라 예체능 방면에도 뛰어나야지요.
《룬위論語》 콩즈孔子 말씀에 따르면
'예악사어서수禮樂射御書數'라 하여
학문의 교과과정curriculum을 정했습니다.
예절, 음악, 활쏘기, 승마, 글짓기, 수학이
이미 2500년 전 커리큘럼이었지요.

음악 미술 무용 체육 연극 영화 등이
우리나라의 예체능 과목입니다.
문예 창작은 왜 들어가지 않느냐고요.
그래서 나열된 이름씨 끝에

등等이란 글자를 붙인 것입니다.

하다하다 힘에 부치면

끄트머리에 '등' 자를 놓음으로 해결됩니다.

0168 어질 양/량

이 어질 양良은 간괘 간艮 부수지요.

간괘 간에 점丶 하나 올렸습니다.

지금까지 모든 천자문은 이 글자를 '어질다'로 새깁니다.

어질 현賢 자를 놓아 두고 말이지요.

본디 어질 양良 자는

양심良心 : 착한 마음을 비롯하여

양식良識 : 양심적인 지식

개량改良 : 고쳐서 좋게 함

불량不良 : 행실이나 성질 등이 나쁨

양서良書 : 내용이 좋고 유익한 책

선량善良 : 착하고 어짊

양약고구良藥苦口 : 좋은 약은 입에 씀

미풍양속美風良俗처럼 '어질다' '좋다'로 새깁니다.

하지만 남효재량男效才良에서는
재주 솜씨 등 예체능을 최고의 단계
최상의 단계로 승화시키는 것입니다.
음악가가 되더라도 최고가 되고
도자기를 만들려면 완벽한 작품을 만들어
솜씨를 보다 완벽良하게 닦으라는 뜻입니다.

앞서 '여모정열女慕貞烈'에서
여자는 올곧음貞과 뜨거움烈을
사모한다고 일반적으로 풀이했으나
사람은 올곧음貞을 사모하여 목숨과 맞바꿀 정도로
냉정하게 지켜가란 뜻입니다.
다시 말해 뜨겁다烈는 말은
서릿발처럼 냉정冷情하라는 뜻이지요.

'남자는 재량을 본받으라'로 새기는 것이
반드시 나쁜 것만은 아닙니다.
그러나 여기서는 '어짊'이 아닙니다.
여자에게도 어짊은 필요하고
남자에게도 안중근 선생이나

유관순 열사 같은 지조가 요구됩니다.

불의不義 앞에서 꺾이지 않는 게

바로 열烈이고 양良입니다.

<043>

지知과過필必개改

득得능能막莫망忘

자기허물 알았으면 필히고치고

공부만일 익었다면 잊지말지니

0169 알 지

知

"너, 이게 무슨 잔지 알지?"

"잘 모르겠는데요."

"알지!"

"까먹었습니다."

"이놈아, 그게 아니고 알지."

스승은 답답했습니다.

회초리로 책상을 두드렸습니다.

스승의 회초리 두드리는 모진 소리에

잔뜩 주눅이 들어 있던 제자에게

스승이 차분히 일렀습니다.

"얘야!"

"네, 스승님."

"이젠 명심하여라."

"네, 스승님."

"알~지"

"모르겠습니다. 스승님"

"이눔아, 이게 알 지知 자니라."
바로 그때 제자가 완벽하게 깨달았습니다.
이때는 전광석화도 너무 느립니다.
깨달음은 참으로 찰나 간입니다.

한국식 영어로 표현하면 그렇습니다.
유노You know/당신이 알고
아이노I know/내가 알고
히노He know/그가 알고
위노We know/우리가 압니다.

'알고 있다'는 말은 안다니 알겠는데
부림말이 무엇이냐는 것입니다.
격물格物을 하여 사물의 이치를 알고
사물의 존재처와 존재시를 압니다.
그러나 사물을 알고
사물의 존재처存在處를 알고
사물의 존재시存在時를 알고 있는
'안다'는 바로 그 녀석은 잘 모릅니다.

그런데 제자는 깨달았습니다.
스승은 '알 지知' 자에 머물러버렸지만

<043> 지知과 過필 신知개改

제자는 알 지知 자를 알면서
어바웃 노우a-bout know
곧 앎에 관해서는 말할 것도 없이
앎이란 마음의 세계까지도
한꺼번에 완벽하게 다 알아차린 것입니다.

전광석화電光石火가 아니라
빛보다 더 빠르게 알아차렸습니다.
앎이란 언어口 이전의 세계이지만
첫째로 전달 기구는 언어, 곧 말口입니다.
화살矢처럼 빠른 말口입니다.
한 번 시위를 떠난 화살은
화살의 방향을 되돌리지 않은 채
그대로 뒷걸음으로 날지는 않습니다.

말口도 마찬가지입니다
한 번 입술을 떠난 말이란 말口業은
화살矢처럼 빠르게 날고
다시 되돌릴 수 없다는 뜻에서
앎에 대한 대표적인 글자 알 지知 자를
이렇게 표기했을지도 모릅니다.

앎. 알 지知, 과연 무엇을 앎인지요?
화살은 대나무로 되어 있습니다.
따라서 이 화살 시矢 자는
대나무竹를 얹은 화살 시笑에서
건너온 글자입니다.
화살 전箭 자도 대나무竹가 있지요.
또한 날아간 화살矢은
중간에 방해물이 있지 않는 한
시공간에 관계없이 계속 날아갑니다.

방해물이라면 뭐가 있을까요?
첫째는 중력重力Gravity입니다.
중력은 계속 날고자 하는 힘을
끊임없이 끌어내립니다.

<043> 지知과 過필必之개改

둘째는 항력抗力Reaction/Drag입니다.
마찰력摩擦力일 수도 있습니다.
공기라는 저항력으로 인하여
계속 날아갈 수가 없습니다.

셋째는 간섭干涉Interfere입니다.
질량을 갖고 있는 물체는

반드시 간섭을 받게 되어 있습니다.
만일 이러한 방해가 없다면
화살은 우주로 계속해서 날아가겠지요.

이와 마찬가지로 인간이 지닌 언어口의 세계와
생각의 화살矢도 실로 무한하지만
줄어드는 뇌세포를 비롯하여
신경세포 감소 따라 앎이 줄어들 수밖에 없습니다.
앎이라면 무엇에 대한 앎입니까.
여기서는 학문적 지식이 아닙니다.
적어도 이《천자문》에서는 지나침입니다.
자기의 지나침에 대한 앎입니다.

도度Degree가 벗어났음을 앎이지요.
허물이란 일부 곤충이나 파충류가
성장을 위해 벗는 허물이 아닙니다.
과도過度가 허물이라면 작은 것일까요.
과도가 다 죄일 수는 없지만
특히 세상을 이끌어가는
교육자 공무원 정치인 종교인 등은
작은 지나침도 허락이 안 됩니다.

허물에는 허물 죄罪辠가 있습니다.
허물 고辜가 있고, 허물 자疵가 있으며
허물 비庇疵가 있고, 허물 하瑕가 있으며
허물 구咎가 있고, 허물 건愆후譽이 있으며
허물 우訧가 있고, 허물 과過가 있으며
아하! 허물 설辥辪도 있습니다.

이토록 허물과 관련된
매우 다양한 글자들이 있는데
어째서 하필이면 허물 과過입니까?
허물 과過 자는 '지날 과'로도 새기듯
이미 흘러간 시간이고 거쳐 간 공간입니다.
그런데 그것이 왜 허물입니까?

<043> 지知과過필必개改

어려서 천자문을 읽을 때였지요.
어렸다고는 해도 이미 열댓 살 때입니다.
알 지知 지낼 과過 반들시 필必 고칠 개改
하고 읽었더니 훈장님께서
"여기서는 '허물 과'로 읽어라"며 고쳐 주셨습니다.
"네, 알겠습니다. 스승님."
나는 대답은 '그러겠다' 하고서
지금까지도 '허물 과'로 읽지 않습니다.

'허물過을 알면 반드시 고치라.'와

'지남過을 알면 반드시 고치라.'할 때

어느 쪽 해석이 어울립니까?

으레 윗글이지요?

'지남을 알면 반드시 고치라'보다

'허물을 알면 반드시 고치라'가

얼핏 보더라도 부드럽고

이해가 빠른 건 분명한 사실입니다.

그럼에도 불구하고

후자를 고집하는 건 아니지만

즐겨 읽는 이유는 따로 있습니다.

0170 지날/허물 과

이를 만약 움직씨動詞verb만으로 본다면

지나다, 지나는 길에 들르다, 경과하다

왕래하다, 교제하다, 지나치다, 분수에 넘치다

넘다, 나무라다, 보다, 돌이켜 보다

초과하다, 옮기다. 따위입니다.

그리고 이름씨名詞noun 입장에서 보면
허물, 잘못, 괘 이름 =손하태상巽下兌上과
예전 따위라 할 것입니다.
그 밖에 재앙일 때는 '재앙 화過'로 발음합니다.

뜻을 나타내는 책받침辶과
소릿값으로 입 비뚤어질 와/과咼가
합하여 이루어진 글자입니다.
'입이 비뚤어지다'는 곧 '틀어지다'의 뜻입니다.
'지나치다' '통과하다' '과도' 등
허물의 뜻을 담고 있습니다.
'지나침은 모자람만 못하다' 유명한 속담이
바로 불교에서 비롯되었습니다.
배울 게 있는 학인은 겸손이 있지만
식광識狂에 빠져 있는 사람은
겸손의 자리에 교만이 넘치니까요.

수행자의 덕은 많이 아는 게 아니라
바로 겸손과 하심下心입니다.
지남過이 허물이 되는 것은 지극히 당연합니다.

혹세무민이 어디에서 나옵니까?

앎의 지나침에서 비롯됩니다.

앎을 담아둘 그릇은 작고 또 작은데

그 그릇을 넘치는 게 과도입니다.

사이비 종교도 앎의 과도입니다.

실제 앎에는 과도過度가 없습니다.

중생이 비록 많이 안다 하더라도

부처님을 능가할 수 없고

인간이 비록 전능하다 하더라도

하나님神God을 뛰어넘을 수는 없습니다.

문제는 많이 알고 전능한 데 있지 않습니다.

부처님은 모든 것을 아시지만

자비 지혜 원력 등으로 가득하실 뿐

지나침이나 교만은 없으십니다.

이는 예수님도 마찬가지이십니다.

하심下心이란 자전에 나오지 않는 단어이나

굳이 담긴 뜻을 풀이하면 겸손입니다.

마음을 내려놓는 게 아니라

교만驕慢한 마음을 내려놓음입니다.

마음을 비우는 게 아닙니다.

단지 지나침transition을 비움입니다.

0171 반드시 필

모든 부처님께서 밝히신 게 무엇이겠습니까?

바로 다름 아닌 마음心입니다.

현재와 미래의 부처님들은

무엇을 밝히시겠는지요?

역시 대답은 마음을 벗어나지 않습니다.

역대조사歷代祖師와 천하종사天下宗師들도

오직 이 마음心 하나를 떠나

어디서도 목적어를 찾을 수 없습니다.

마음은 다른 말로 '나누다'로 풉니다.

이름씨로 디비젼division이 아니라

움직씨로 디바이드divide입니다.

마음은 나눔 상태로 정지되어 있지 않고

끊임없이 나누고 나누는 진행형 움직씨입니다.
반드시 필必 자에 대각선으로 내리그은 선丿이
바로 그 증표지요.

반드시 필必 자는 '반들 필'이라 하며
정확한 표준어를 동원했을 때
'반드시 필'이 됩니다.
이 필必 자는 '마음 심心'이 부수며
'마음심'자 오른쪽 위에서 왼쪽 아래로
비스듬하게 내리그었습니다.
이 비스듬한 나눔丿은
가로 직선ー 세로 직선丨과 달리
기하학幾何學Geometry의 세계입니다.

기하학이라니 무슨 기하학입니까.
프랙털 기하학fractal geometry입니다.
아무리 잘게 쪼개고 나누더라도
똑같은 구조가 계속 나타나는 형태
이른바 프랙털 지오메트리입니다.
나의 이 반들 필必 자 파자는
지금까지의 해석을 따르지 않습니다.
나의 오늘날present-day의 파자입니다.

아무리 나누더라도
오리지널 마음은 늘 같은 형태이기에
나는 '반드시 필' 자를 볼 때마다
프랙털 기하학을 떠올리곤 합니다.
내 보기에 프랙털 기하학만큼
중중무진重重無盡의 세계를
한마디로 완벽하게 밝힌 것도 드뭅니다.

0172 고칠 개

고칠 개改 자를 살펴보면
회초리를 뜻하는 등글월문攵에
왼쪽에 몸 기己 자를 떡 붙였습니다.
'고치다'란 움직씨는 내게서 시작하는 것입니다.
내가 내 자신은 고치지 않은 채
오직 남만을 고치려 할 때
쓰는 말이 "너나 잘하세요."입니다.

부처님께서 당신은 정진하지 않으시고
중생들에게만 정진하라 하시던가요?
보살마하살이 스스로의 보살행 없이
수행자들에게 바라밀을 권하고 있습니까?
고침이란 다른 이가 아닌
자신에게 가하는 회초리입니다.
자신에게 허물이 있고 지나침이 있다면
반드시 고쳐 나갈 일입니다.

오늘부터 새 학기가 시작됩니다.
초등학교는 프라이머리primary이니
배움의 기초가 될 것이고
중학교中學校는 미들middle이니
낮은 세컨드어리secondary에 해당하며
배움의 단계를 뛰어오름입니다.

고등학교高等學校는 높은 세컨드어리며
하이스쿨high school이니 배움의 높은 단계지요.
대학교大學校라고요!
유니버시티University이니
전우주적이고, 미국의 전 인류적입니다.
보편화된 진리 탐구의 단계입니다.

어린이들과 학생들 선생님들과 학부모님들
그리고 이 땅의 교수님들에게
큰 소리로 외칩니다.
자! 여러분, 힘 팍 팍 내십시오!

<043> 지知과過필必개改

<044>

지知과過필必개改

득得능能막莫망忘

0173 **얻을 득得**

0174 **능할 능能**

0175 **없을 막莫**

0176 **잊을 망忘**

자기허물 알았으면 필히고치고

공부만일 익었다면 잊지말지니

지과필개知過必改의 지知와
득능막망得能莫忘의 능能은
성서를 번역하면서 빌려 썼습니다.
하나님의 지능입니다.
여기서 하나님의 지능과
인간의 지능에 대해 생각해 봅니다.

우리 인간의 앎과 앎의 힘이란
전지全知가 되지 못하고 전능全能이 되지 못합니다.
따라서 신에게 쓰는 지능과 인간에게 쓰는
지능이란 용어가 영어英語에서는 달라집니다.
온전하게 아시全知는 분 옴니스신스Omniscience
무한한 힘全能의 소유자 옴니포텐스Omipotence
그래서 전지전능하신 하나님이시지요
올마이티 갓Alghtymi God이며
디 올마이티the Almighty지요

이에 비해 인간에게 쓰는 지능은
인텔리전스intelligence며
멘털 캐퍼시티mental capacity며
인텔렉츄얼intellectual이며
팩퀄티faculty와 비슷한 말로

애빌리티ability를 쓰기도 합니다,
지능연령을 the I.Q.age라 하고
멘털 에이지mental age라고도 하지요.

신에게 쓰는 말이 다르고
인간에게 쓰는 말이 다릅니다.
우도할계牛刀割鷄란 말이 있습니다.
소 잡는 칼로 닭을 잡는다는 것인데
작은 일에 어울리지 않게
큰 도구를 씀을 이르는 속담입니다.
따라서 신에게 쓰는 용어를
사람에게 쓰려면 어울리지 않겠지요.

0173 얻을 득

"일찍 일어나는 새가 먹이를 잡는다."
이 속담 한마디 안에
얻을 득得 자의 뜻이 들어 있습니다

'일찍'이란 언제쯤일까요.
그날그날의 이른 시간입니다.
해日가 지평선一 위로 솟아오를 때
곧 해돋이Sunrise 무렵입니다.

두 인변彳을 얘기할 때
보통은 '조금 걸을 척彳'자이므로
'조심조심' '짧은 거리의 뜻이 있지만
홑 인변彳도 아니고 두 인변彳은
두 날개를 마음껏 펴라는 뜻입니다.

그리고 일찍 일어나듯이
정확하고 신속할 때

얻은 먹이를 놓치지 않습니다.
으레 마음寸을 온통 쏟아야겠지요.
새는 먹이를 얻는 게 목적이라지만
사람은 무엇으로 목적을 삼을까요.

0174 능할 능

能

능能은 스킬풀skillful입니다.

숙련된 솜씨 능숙한 솜씨입니다.

스마트Smart입니다. 현명하고 야무짐이지요.

애드로이트adroit입니다.

재치 있음이며 상대방을 편하게 해줌입니다.

엑스퍼트Expert입니다.

전문가며 명인이며 대가지요.

컴퍼텐트Competent입니다.

충분한 자격을 갖춘 자며 역량이 있는 자입니다.

프로피션트Proficient지요.

능숙하고 뛰어난 사람입니다.

덱스터로스Dexterous입니다.

빈틈없고 손재주가 뛰어난 이지요.

바로 이 능함을 얻기 위해

노력하고 또 노력하는 것입니다.

이 능함을 얻기 위해
여명日이 바다 저편—으로 밝아올 때
일찍이 일터로 달려가고 가게로 달려가고
연구실로 달려가는 것입니다
그러면서 한편 조심彳스럽게
있는 힘寸을 다 기울이는 것입니다.

얻을 득得 자에는 부지런함이 담겨 있습니다.
얻을 득 자에는 이처럼 촌음寸도 아끼는
간절함이 담겨 있습니다.
판소리 명창이 되기 위해서는
설렁설렁으로는 불가능합니다.
득음 과정에서 피를 토하는
엄청난 고통이 수반되지 않고
영예로운 명창이 될 수는 없습니다.

불교나 기독교나 능能에 대해서는 최고입니다.
기독교는 구체적인 것을 피하고
온전하게 능하다고 했습니다.
온전全에서 백분율%이 나왔지요.
온전의 '온'은 순수 우리말이고
온전의 '전'은 온의 중국글입니다.

따라서 온전이란 두 글자에는
우리말과 중국글이 동침 중이지요.

‘온’은 다른 말로 '백百'이라 합니다.
퍼센트percent 역사는 단순합니다.
미화 1달러가 몇 센트cent입니까.
네, 100센트입니다.
100센트와 온전한 1달러
이 사이에 부사 '퍼per'를 끼워 넣어
100분의 몇 센트라는 식으로
백분율을 만든 것입니다.

아무튼 여기서 말하고자 함은 다름이 아닙니다.
온과 전이 만나 온전이 되었는데
이는 완전하다는 뜻입니다.
그런 걸 보면 영어나 중국어나
순우리말보다 특별히 잘난 게 없네요.

전능하신 하나님의 전능은
온전히 다 능하다는 말씀인데
불교에서는 우리 부처님을
능인적묵각能仁寂默覺이라 합니다.

여기에는 몇 가지 해석이 있습니다.
첫째는 종전 해석이고
둘째는 나의 새로운 해석입니다.
종전 해석의 능인적묵각은
석가모니 부처님의 다른 이름입니다.

나의 해석은 개별적입니다.
부처님은 외형적으로 능한 분입니다.
눈에 보이는 거룩한 모습에서
귀에 들리는 사자후 음성에서
중생들을 교화하시는 모습에서
맵씨 말씨 솜씨에서 능能한 분입니다.

부처님은 어진 분입니다.
중생을 사랑하는 포근한 마음과
고통을 함께 슬퍼하는 연민의 정과
크나큰 원력과 날카로운 지혜와
어짊과 옳음과 품격과 맑은 정신과
인내의 힘과 보살의 정신을 안으로 간직한
인仁의 세계에 완전하신 분입니다.

외식제연外息諸緣의 성자십니다.

겉으로 모든 인연을 쉬고
고요 환경寂을 만들어가는 분입니다.
내심무천內心無喘의 성자십니다.
안으로 마음에 헐떡거림이 없는 분입니다.
천만 가지 언어를 놓아버린黙
진정 거룩한 부처님의 모습입니다.

무엇보다 부처님은 깨달은 분입니다.
깨달음으로 능能을 이루고
깨달음으로 인仁을 이루셨지요.
깨달음으로 고요寂를 이루고
깨달음으로 침묵黙을 이루셨습니다.
최고 깨달음의 경지所覺도
깨달음能覺으로 온전하게 하신 분입니다.

이 정도면 우리 부처님이야말로
전지全知 전능全能하시지 않습니까.
어디 전지전능뿐이겠습니까.
전적全寂이시고, 전묵全黙이시며
전각자全覺者이신 게 확연합니다.

부처님께서는 당신의 뜻을 따르지 않는다 하여

연옥의 유황불로 심판하고
거대한 홍수로써 심판하고
번갯불로 심판하지 않으십니다.
왜냐하면 우리 부처님은
질투의 세계를 벗어난 분입니다.
부처님은 '부처님 가운데 토막'입니다.
질투로 심판하는 일은 없습니다.

0175 없을 막

상식으로 없을 막莫 자는
말 막莫 자로 더 많이 알려졌습니다.
막莫의 뜻은 몇 가지가 있습니다.
첫째는 묻힘墓입니다.
사람이 죽으면 묘에 묻힙니다.
죽은 자는 세상에 없는 사람이지요.
묘는 시신을 땅에 묻기에
흙토土 자가 들어 있습니다.

막莫과 묘墓는 흙의 유무일 뿐입니다.

둘째는 가림幕입니다.

천으로 가려 내용을 알 수 없습니다.

커텐을 치고 블라인드를 내려

안에서 밖을 볼 수 없고

밖에서 안을 볼 수 없습니다.

막莫과 막幕은 커텐巾의 유무일 뿐입니다.

셋째는 땅거미暮입니다.

날이 저물면 태양日이 사라집니다.

사실은 사라지는 게 아니지요.

엄폐물 뒤로 넘어가 눈에 보이지 않을 따름입니다.

태양日이 있으면 저물 모暮이고

태양日이 없으면 없을 막莫입니다.

넷째는 사랑慕입니다.

사랑은 몰입의 세계를 불러옵니다.

사랑은 사람을 눈멀게 합니다.

사랑은 '칵테일 파티 효과'가 있어서

감관을 발달시키기도 하지만

무디게도 만들어갑니다.

대상의 국한이 있을 뿐입니다.
한 사람을 사랑할 때 다른 사람은 보이지 않습니다.
사랑의 다른 이름은 '그리움'이지요.

그리움이 극에 달하게 되면
아무것도 보이지 않고 들리지 않고
냄새도 음식 맛도 모릅니다.
사랑은, 그리움은 마취제입니다.
사랑은 다른 생각을 할 수 있는 조건을
깡그리 차단해 버립니다.
따라서 사모할 모慕와
없을 막莫은 같은 뜻입니다.
마음忄이 있으면 사모할 모慕이고
마음忄이 없으면 없을 막莫입니다.

0176 잊을 망

잊을 망忘 자는 단순합니다.

없을 망亡에 마음 심心을 더했으니
이 말은 마음心의 세계에서
이미 다 없어져버렸다亡는 뜻입니다.
솔직히 다 없어진 것은 아니지요.
혹은 치매痴呆 현상이거나
그냥 단순하게 잊어버린 것입니다.

없을 망亡은 망할 망亡 자입니다.
'도망 망'으로 새기기도 합니다.
이 글자의 뜻은 '사라진 것'입니다.
죽은 것이라 해도 좋지만
시야에서 사라진 게 맞습니다.
감출 혜匸 위에 점丶을 찍은 것은
상대를 더욱더 생각하게 만듭니다.
죽음은 존재할까요.
육체가 사라지면 완전한 죽음이 될 수 있을까요.
죽음이란 육신이 사라지는 것입니까.
화장/매장으로 인해 눈앞에서 보이지 않기에
이를 죽음이라 단정 지을 게 있나요.

능함을 얻으면
잊지 말아야겠지 암!

<045>

망罔담談피彼단短

미靡시恃기己장長

0177 **없을 망**罔

0178 **말씀 담**談

0179 **저 피**彼

0180 **짧을 단**短

다른이의 장단점을 말하지말고
자기만이 최고라고 과신치말라

없다, 없다, 없다

인류 역사상 '없다'라는 말처럼
많이 쓰는 말도 별로 없을 것입니다.
왜냐하면 '있다'는 눈에 띄기에
굳이 강조하지 않아도 상관없지만
'없다'는 확 들어오지 않기에
더 많이 들먹일 수밖에 없습니다.

한자로 '없음'을 표기한 것으로는
없을 무無 자가 대표적이고 그 밖에 생각보다 많습니다.
좀 지루하더라도 내친김에 살펴볼까요.
어차피 於此彼 한문 공부니까요. 힐!
그래도 부정사를 다 실으려면 500여 자나 되니
30분의 1로 줄이는 게 좋을 듯싶습니다.

없을 무/망할 망亡ㅿㅿ
없을 막/말 막/저물 모/덮을 멱莫
없을 망/그물 망罔 /없을 무无冇/없을 무/목맬 기兂
없을 유冇/없을 막/풀이름 화茉/없을 막/저물 모茶
없을 무/불에 탈 호燋
꼬리 없는 소 수犙

소매 없는 옷 타襘

소매 없는 적삼 후襂

척추 없는 동물 정蟶

머리털이 없는 모양 회顝 자가 있습니다.

이 가운데 재미있는 글자가 없을 유冇 자입니다.

하루는 아버지께서 날 불러 앉히시더니

"너, '있을 유有' 자라고 아니?"

"있을 유有 자요? 네 알아요."

"그럼 없을 유冇 자는?"

"없을 유자요?

아부지. 그런 자도 있습니까?"

아버지는 방바닥에 손가락으로 써주셨습니다.

종이나 흙이나 모래 위에 쓴 게 아니기에

손가락만 오갈 뿐, 흔적이 남아있을 리 없지요.

"이게 바로 그 없을 유冇 자란다."

나는 초등학교 입학하기 전에

큰형에게 《천자문》을 배웠기에

한글보다 한문을 먼저 익혔습니다.

그렇다고 천자문을 다 배운 것은 아니고

내 기억으로는 거의 절반쯤으로 알고 있습니다.

<045> 암雨금談피倣단短

한번은 큰형이
천자문을 가르치다 말고
학교도 안 간 내게 매를 들었습니다.
공부 중에 딴짓한다는 것이었지요.
내가 딴짓을 한 것은
공부하기가 싫어서라기보다
밖에 나가 뛰어놀고 싶어서였지요.
매를 맞으며 속으로 반항심이 생겼습니다.

나는 미치기 시작했습니다.
그때까지 배운 내용을 외우기 시작했습니다.
나는 서서히 점점 강하게 미쳐갔습니다.
하늘천, 따지, 가물현, 누루황에서
지게호, 봉할봉, 여덟팔, 고을현까지를
반복해서 외고 외고 또 외웠습니다.
여기까지가 《천자문》 절반입니다.

지금도 건듯하면 잘 울지만
눈물 콧물 흘려가며 펑펑 울었습니다.
천자문 절반까지 외워가며 ─
바닥을 뒹굴면서 입에 게거품을 물었지요.

큰형은 덜컥 겁이 났고
아버지를 부르러 달려갔습니다.
잠시 후 한달음에 들이닥치신 아버지가
형에게 나를 들쳐 업게 하셨습니다.
어디론가 뛰어가는 게 느껴졌습니다.

내게는 출구전략이 필요했습니다.
학교도 들어가기 전 어린 아이였고
정치인도 아니었지만 빠져나갈 거리가 필요했지요.
한 순간에 울음을 뚝 그치고
잠자는 모습으로 들어갔습니다.

사납게 울던 아이가 갑자기 뚝 그치니
아버지도 큰형도 놀랄 수밖에요.
아무튼 가던 길을 되돌렸습니다.
그 후 큰형은 다시는 매를 들지 않았지요.

'없을 유冇'
'있을 유有'

위의 이 두 글자는 아버지의 말씀 이후
60년이 가깝도록 나의 철학 주제가 되었습니다.

<045> 막막함談피 彼닫短

있고 없고는 눈에 보이는 게 아닙니다.

무늬의 있고 없음일 뿐입니다.

육달월의 무늬 말고 하늘에 뜬 달이

월식을 했다 하여 완전히 없어진 게 아닙니다.

우리는 달이 없어졌다고 합니다.

있을 유有와 없을 유冇는

월식이냐 월식이 아니냐의 차이일 뿐입니다.

0177 없을 망

없을 망罔 자는 그물망罒이 부수며

의미소이고 망할 망亡 자가 소릿값입니다.

물고기를 잡는 그물 고罟에 비해

그물 망罔은 짐승을 잡는 그물을 가리킵니다.

그물 쓰임새에 따라 한자도 여러 자인데 볼까요?

그물 라羅는 새를 잡는 그물이고

그물 닙罔은 훔친 물건 자루며

그물 저罝는 산토끼 잡는 그물이고
그물 포罦는 새 덮치는 그물이며
그물 현罥은 올무입니다.

그물 망綱은 민물고기 그물질이며
그물 매罺는 바닷고기 그물질이고
그물 록麗은 사슴의 올무입니다.

그물 고罟는 송사리 그물이고
그물 란罏은 산돼지 그물이며
그물 제罬는 산토기 잡는 그물입니다.

산토끼 잡는 그물 아罦가 있고
멸치 잡는 그물 첨綝이 있으며
강물 고기에는 그물 역罭이 있고
물고기 말리는 그물 계罽가 있으며
고라니 잡는 그물 몽/모罞가 있고
그물을 치는 그물 막縸이 있으며
대나무로 된 그물 포篰가 있습니다.

새를 가두는 작은 그물 조羅가 있고
죄인을 묶는 굵은 그물 부綍가 있으며

<045> 망라담라피피단短

작은 물고기 그물 주罜는
위에서 덮어씌우는 그물이고
꿩을 잡는 꿩그물 무羉가 있습니다.

뭐니뭐니해도 가장 큰 그물은
까르마業障karma라는 무형의 그물입니다.
까르마 그물은 눈에 보이지 않으며
감관으로 느낄 수 없을 정도로
섬세한 그물코로 되어 있기에
번뇌를 일으켜 마음까지 옭아매곤 합니다.
없을 망罔은 그물門이 사라졌다는 하여
마침내 '없음'을 표현하게 되었지요.

0178 말씀 담

말씀 언訁이 부수로 의미소이고
불꽃 염炎은 소릿값입니다.
말씀 언訁은 네르 사람의 입口이니

산지사방散之四方 모든 사람들의 말이며
언어의 대표적인 표현입니다.
염炎은 불꽃火이 겹炎치므로
불꽃의 세기를 가늠할 수 있습니다.

이 불꽃 염炎 자가 소릿값일 때
'염yan'이라는 발음이 가능하지만
대체적으로는 '담tan'으로 발음합니다.
참고로 불 화火 자 3개가 모이면
불꽃 염/불꽃 혁焱 자가 된다는 것을 아시나요?

0179 저 피

<045> 맛편담談피彼단短

두인변 중인변彳이 뜻이고
가죽 피皮 자가 소리를 나타냅니다.
조금 걷는다彳는 것은
사람과 사람, 사람과 사물과의
공간을 나타내는 데서 나왔습니다.

1인칭 '나'라면 걸을 일이 전혀 없습니다.
2인칭 '너'나 3인칭 '그'나 '저'는 공간이 있으니
으레 조금은 걸을ㅓ 필요가 있고
조심스레 걸을ㅓ 일이 있을 것입니다.

소릿값으로 가죽 피皮 자를 놓은 것은
가죽은 중요하기 때문입니다.
가죽은 인간에게는 피부입니다.
내가, 내 자신이 아닌 그를 만나고
내 자신이 아닌 저를 만나기 위해서
피부를 곱게 다듬습니다.
스킨skin과 관련된 화장품들이 마구 쏟아짐은
피부를 다듬는 일이 얼마나
섬세하고 소중한지 알게 합니다.

인간 세상에 있어서
쉽게 무너지지 않을 산업이 있다면
이는 독특한 화장품 산업이며
남다른 뛰어난 의상디자인입니다.
머리의 꾸밈hairstyle에서
페디큐어pedicure에 이르기까지
몸 꾸밈은 나를 위함이 아닌 '저彼'를 위함입니다.

그래서 이런 말이 있습니다.
"나 위해 먹고 남 위해 꾸민다."고요

나를 돋보이게 하는 매체가 무엇이라 봅니까.
무엇이 아니라 바로 누구입니다.
그 누구는 첫째 사랑하는 사람이고
둘째 사랑하는 사람을 포함하여
이 세상 모든 사람입니다.

어느 날 옷을 후줄근하게 입고
세안도 목욕도 하지 않은 채 거리로 나갔습니다.
남들이 쳐다보기는 고사하고
모세의 기적처럼 좌우로 갈라졌지요.
산책 나온 개도 사납게 짖어대고
새들까지도 비켜가더랍니다.
다른 날 그녀는 말쑥하게 차려입고
향수도 좀 뿌리고 곱게 단장하고 거리로 나갔더니
나갔더니
나갔더니
다음 말을 이을 수 없습니다.

"임에게 보이고자 애써

곱게 단장하는 이 마음

거기서 나는 지계를 배웠노라" 라 했듯이

나를 예쁘고 멋지게 가꾸도록

일조하는 그와 저는 참 고마운 사람이지요.

0180 짧을 단

短

계량度量measure이 발달하기 전에는

활과 화살로 길이를 재었습니다.

좀 긴 것은 활로 재고

짧은 것은 화살로 재었습니다.

한문의 짧을 단短 자를 어떻게 썼던가요?

화살矢과 제주 잔료의 만남입니다.

화살을 자ruler로 써서 길고 짧음을 계량하듯

제단에 잔을 올리며 정성을 가늠하였습니다.

사람은 누구나 장단점이 있지요.

내게 있는 장점이 남에게도 있듯

남에게 있는 단점이 내게도 분명 있습니다.
내가 남을 비방할 때
내 입을 한번 떠난 비방이
수십 수백 수천의 친구들을 데리고
내 마음 언저리로 공격해 올 것입니다.

오늘 내가 말한 남의 단점이
내일 다른 이가 내 단점을 지적함으로
반드시 되돌아오고야 마는
부메랑의 법칙이 언어에서는 적용됩니다.
오늘 내가 남의 장점을 드러내어
격려하고 또 칭찬한다면
다른 날 그 칭찬이 제 친구들을 데리고
내 집 내 삶 내 마음의 방을 노크할 것입니다.

<046>

망罔담談피彼단短

미靡시恃기己장長

0181 **아닐 미靡**

0182 **믿을 시恃**

0183 **멈 기己**

0184 **긴 장長**

다른이의 장단점을 말하지말고

자기만이 최고라고 과신치말라

앞의 글과 짝을 이루는 글입니다.
앞의 글과 이으면 이렇게 좋은 말이 이루어집니다.

사람은 말하는 동물입니다.
사람을 다른 동물들과 구별 짓는 게
여러 가지가 있을 수 있습니다.

그 가운데 대표적인 것을 들라면
아무래도 직립보행直立步行과 언어일 것입니다.
직립보행은 꼿꼿하게 일어서서
두 발로 걷는 능력입니다.
걷는 것도 능력에 들어갑니까?
아무렴요, 능력에 들어가고말고요.

어느새 8년 전 일입니다.
내가 아프리카 탄자니아에 체류할 때
탄자니아 수도 다르에스살람에 있는
스리랑카 사찰 주지의 부탁을 받았습니다.
아루샤Arusha에 사는 한 현지인 불자에게
바퀴 의자wheel chair를 전달해주는 거였는데
탄자니아의 스리랑카 불교 사찰에
현지인으로는 유일한 불자였습니다.

탄자니아에서 거래되는 휠체어는
새것이거나 고급 제품이 아니라면
구호품으로 들어온 것이라
거의 거저나 마찬가지라고 합니다.
다르에스살람에서 싣고 가는 것보다
아루샤에서 구입하는 것이
훨씬 더 저렴하다고들 얘기했습니다.

그러나 나는 스님의 부탁을 받고
버스에 휠체어를 실었습니다.
버스기사는 사람 운임의 2배를 내라며
깎아줄 수 없다 하고
나는 내 개인의 이익이 아니라
전달하는 것뿐이니 깎아달라면서
한참 실랑이를 벌이다
두 사람 운임비 56,000/Tsh에서
6,000/Tsh를 깎는 데 성공했습니다.

Tsh는 '탄자니아 실링기'의 기호지요.
참고로 케냐도 실링기를 쓰는데
Ksh가 곧 '케냐 실링기' 기호입니다.
지금은 환율을 잘 모르겠으나

당시는 원/달러 환율과 거의 비슷했지요.
아루샤에 도착하여 휠체어를 전달해주며
나는 참 잘했다는 생각을 했습니다.

그녀도 휠체어 신세를 지고 있는데
배달한 휠체어는 남편이 쓰던 거였노라며
지극히 반가워하는 모습에서
그간의 혼자 생각을 부끄러워했습니다.
떠나간 남편은 선천적 불구였고
자신은 이 남편과 만난 뒤
어쩌다 불구가 되었다고 했습니다.

그녀가 말했습니다.
"마스터 기포 스님, 매우 고맙습니다.
이 먼 거리를 수고해 주셔서요.
예까지 이것 때문에 일부러 오셨는데
킬리만자로Kilimanjaro로 가시려면
오던 길을 되짚어 한나절은 가셔야 하는데"
나는 그녀의 고마움에 진짜 고마움을 느꼈습니다.
"웬걸요. 가진 게 시간밖에 없습니다."

어색해진 분위기를 바꾸려고 넌지시 물었습니다.

"그럼 부군夫君husband께서는요?"
그녀가 답했습니다.
"먼저 갔어요. 석 달쯤 되었나 봐요."
내가 할 수 있는 말은
"뽈레 싸나I'm very sorry"가 다였습니다.
분위기를 바꾸려 했는데
되레 더 이상해지고 말았습니다.

그녀가 말했지요.
"남편의 평생소원이 있었습니다."
내가 막 물으려는데
그녀가 바로 말을 이었습니다.
"자기 두 발로 당당하게 걸어보는 거
소원이라면 그게 소원이었지요.
마스터, 우리 그 양반 소원이 우습지요?"
"아~네."
"저는 그래도 걸어보았잖아요."
그녀는 눈물을 주루룩 흘렸습니다.

그러면서 그녀가 덧붙였습니다.
"휠체어 두 개가 왜 필요하겠습니까?
남편도 이미 세상을 뜬 마당에

그러나 세상 뜨기 전까지 앉았던
이 바퀴 의자wheelchair 이것은요
제게는 남편과 같은 것입니다.
그래서 마스터에게 더욱 고맙습니다."
간신히 말할 틈을 얻은 내가 한 말은 한 마디였지요.
"네, 마마mama 안나Anna, 힘내세요."

직립보행, 엄청난 이야기입니다.
직립보행하는 존재가 곧 사람입니다.
같은 사람이면서 직립보행이 소원이라니
두 다리로 걸을 수 있는 우리는
모두 행복한 존재들입니다.
이 다리로 축구를 하고
이 다리로 피겨Figure를 하고
이 다리로 마라톤을 하지 않더라도
그냥 걸을 수 있는 것도 참 행복입니다.

행복은 또 있습니다.
인간만이 지닌 언어입니다.
내 뜻을 마음껏 전달할 수 있는
이 행복을 우린 잘 모르고 살아갑니다.
영어 못한다고, 일본어 못한다고

중국어 못한다고, 프랑스어 좀 못한다고
스와힐리Swahili어語 좀 못한다고
절대로, 절대로 주눅 들지 마십시오.

우리는 우리말로 소통이 가능합니다.
여행하다 보면
사업하다 보면
무역회사를 운영하려니까
더 없이 외국어가 필요하다고요.
가이드Guide 쓰시고
그냥 통역사Translator 좀 쓰시면 됩니다.

인간은 누구나 언어를 가집니다.
사람이 아니라 인간人間이지요.
사람과 인간은 다릅니까?
으레 사람과 인간은 다릅니다.
사람은 한 사람 한 사람이 되겠지만
인간은 사람과 사람 사이를
아울러 일컫는 말입니다.
아란야aranya에서 홀로 도 닦는 수행자는
종일토록 아무런 말없이 지내더라도
전혀 문제될 게 없습니다.

묵언默言 수행자가 말이 없는 게 아닙니다.

곧 언言을 묵默하는 게 아니라

묵默의 언言이지요.

묵默의 언言과 언言을 묵默함이 차이가 있나요.

당연히 차이가 있고말고요.

언言을 묵默함은 묵默이 목적이고

묵默의 언言은 언言이 기능입니다.

묵언하는 수행자는 침묵의 언어를 사용할 뿐입니다.

왜냐하면 인간은 사회적 동물입니다.

사회적이라면 소셜social입니다.

소셜은 함께 사는 세상의 메카니즘입니다.

더불어 사는 세상의 장치입니다.

그 기능은 간間Inter의 소통이지요.

소통의 일차적 기능은 언어입니다.

말길言語道이 끊어졌다斷고 하는데

인류 역사상 아직까지

한번도 말길이 끊어진 적이 없고

소통되지 않은 적이 없습니다.

언어는 위대합니다.

언어가 미치지 못한 곳이라면

그곳은 어떠한 생각도 미치지 못합니다.

생각이 미치지 못한 곳을
심행처멸心行處滅이라 합니다.
마음 갈 곳이 사라진 세계지요.
마음 갈 곳이 사라진 세계도
말길이 끊어진 경지도
언어를 통해 표현하는 아이러니를
수선납자들은 곧잘 저지르고 있습니다.

말을 떠난 수행자 수선납자들만큼
말 많이 하는 이들도 드물지요.
선사들 말 많은 것이야
천하종사들이 증명하고 있습니다.
언어로써 표현될 수 없는 게 있다면
그것은 진리가 아닙니다.
그것은 아무것도 아닙니다.
언어로 표현될 수 없다는 말조차도
쓸 가치가 전혀 없는 것입니다.

진정한 진리는 소통에 있습니다.
소통이 미치지 못하면

언어로 소통이 불가능하다면
비록 하늘과 땅이 개벽한다 하더라도
인간에게는 아무런 의미가 없습니다.
사회적인 동물로서의 인간의 소중한 가치는
인人에도 있지만 간間에 있습니다.

비록 간間이 있다 하더라도
사이間와 사이間를 이어주는 소통의 세계
이를 네트워크network라 합니다만
이 네트워크의 소재가 말입니다.
언어 외에 숫자가 있고, 춤이 있고, 몸짓이 있고
노래가 있고, 음악이 있고, 그림이 있고
그래프가 있고, 방정식이 있습니다.

주장자棒를 들어 허공을 치고, 고성喝이 오가고
눈썹을 움직이고, 눈을 찡긋하며
갖가지 손동작을 보이며,
빛과 표정이 오가고, 동영상까지 있다고요.
그렇습니다.
이들이 다 언어 범주에 들어갑니다

사람은 언어를 통해 소통하지요.

소셜S 네트워크N 시스템S이
사람과 사람 사이를 이어갑니다.
석가도, 예수도, 모하메드도, 소크라테스도, 공자도,
사람의 도리와 함께 인터인inter人을 강조했지요.
이토록 소중한 언어를 갖고 있으면서
남의 단점을 이야기하고
자기 장점을 드러내는 데만 쓰기에는
그렇습니다. 뭔가 좀 아깝지 않습니까?

0181 아닐 미

아닐 미靡는 아닐 비非에 뜻이 있고
삼 마麻 자는 소릿값입니다.
아닐 미, 없을 미, 말 미, 쓰러질 미를 비롯하여
마로 발음할 경우, 갈 마 자로 새깁니다.

삼은 마약의 일종이지요.
대마초의 '마'가 이 '삼 마' 자입니다.

그러니 마약에 취하면 쓰러질 수밖에요.

마약하면 쓰러지거나 쓰러뜨리거나 집안이 망합니다.

그래서 '말다' '금지하다' '안 된다'라는

강력한 금지사로 쓰였을 것입니다.

0182 믿을 시

믿을 시恃는 심방변忄에 절 사寺 자지요.

'시어머니 시'로 새기기도 합니다.

이때는 마음 바탕이 '시새움'이지요.

부처님을 모신 절寺이 어떤 곳입니까.

마음忄 닦는 곳입니다.

마음을 닦되 믿음恃이 바탕입니다.

아니, 다시 말씀드립니다.

믿음恃은 마음忄이 바탕입니다.

<046> 미薇 시恃기己창長

0183 자기 기

己

'자기 기'는 '몸 기'라고도 새기지요.

인간은 겸손이 바탕입니다.

예를 아는 이는 뻣뻣하지 않습니다.

몸을 굽혀 자신을 낮추고

상대를 존중할 줄 아는 존재가

다름 아닌 사람입니다.

자기 기己 자에 담긴 의미는

눈높이를 낮춤입니다.

굽은 몸은 펴지게 마련이지요.

굽혔다 펴졌다 하는 데서

몸의 살아있음이 느껴집니다.

이른바 역동성dynamic입니다.

죽은 몸은 움직이지 않고 굽혀지지 않습니다.

굽힌 몸己의 모습은 그대로 '살아있음'입니다.

자신을 낮출 때 저절로 높아집니다.

0184 긴 장

長

'긴 장'은 '어른 장'으로도 새깁니다.

수염 긴 노인이 단장 짚은 모습입니다.

담긴 뜻은 길다, 낫다, 나아가다, 자라다 따위와

어른, 맏, 우두머리, 길이, 처음, 늘, 항상 등

다양한 뜻을 갖고 있습니다.

어제 하루 천자문을 쉬며 봄 충전 좀 했습니다.

개구리와 얘기를 나누지는 못했지만

노란 개나리와 함께 데이트 약속은 잡았습니다.

마음이 마냥 설렙니다.

<047>

신信사使가可복覆

기器욕欲난難량量

0185 믿을 신信

0186 부릴 사使

0187 옳을 가可

0188 덮을 복覆

신뢰할수 있는일은 되풀이하고

마음그릇 헤아리기 어렵게하라

때는 1983년 9월 21일 수요일 오후
생전 처음 해외 여행길에 올랐습니다.
서울 종로 대각사에 머물 때인데
추석 차례가 모두 끝나자마자
나는 김포 국제공항으로 향했고
타이완Taiwan행 비행기에 몸을 실었습니다.

인천 국제공항이 생기기 전
국내선과 국제선 항공기 이착륙이
모두 김포 국제공항에서 이루어졌으니까요.
2시간 반쯤이나 날았을까.
타이완 타오위엔桃園 국제공항에 내렸고
나는 게이트를 빠져나갔습니다.

한국보다 시차가 1시간 늦기 때문에
우리나라에서 17시에 출발했는데
타이베이에 내려 공항을 빠져나가니
현지 시간이 19시쯤 되었습니다.
저녁때인데 열기가 있었고
섬나라 특유의 끈적끈적한 기운이
불기운 들어오듯 입으로 훅 들어왔습니다.

타오위앤 국제공항을 막 나서는데
젊은 친구가 다가왔습니다.
"안녕하세요?"
우리가 서양 사람들을 보면
물어보지 않고는 국적을 모르듯이
서양 사람들이 동양인을 보면
일본인, 타이완을 포함한 중국인과
한국인을 잘 구분하지 못한다고 합니다.

그러나 우리 같은 동양인들끼리는
그냥 느낌만으로도 압니다.
일본인과 중국인, 그리고 한국인을요.
말이 어눌하기도 했지만
'안녕하세요?'라는 짧은 인사말에서
분명 한국인이 아니었습니다.
그래도 우리말을 쓰니 참 반가웠습니다.

내가 한국말을 잘 아느냐고 했더니
딱 여섯 마디 안다고 했습니다.
1) 안녕하세요?
2) 반갑습니다.
3) 미안합니다.

4) 고맙습니다.

5) 어디로 모실까요?

6) 얼마입니까?

마지막 한마디는 알아듣기 위해

반드시 숙지해야 한다고도 그는 말했습니다.

떵위앤칭鄧遠淸이라 자신을 소개한

택시 기사의 안내를 받아

타이페이 시내에 있는 오래된 절

롱샨쓰龍山寺Longshansi를 찾았습니다.

만다린Mandarin으로 롱샨쓰를 설명하는데

내가 연신 고개를 끄떡이며

알아듣는 척하자 이 친구 신이 났습니다.

롱샨쓰를 나오면서 그가 물었습니다.

"동봉스님. 뭐 마시겠습니까?"

"글쎄! 뭐가 있을까요?"

그가 구체적으로 물어왔습니다.

"빠이씨百事 컬러可樂, 커커우可口 컬러可樂?"

나도 그의 말을 따라 되물었습니다.

"빠이시 컬러, 커커우 컬러?"

<047> 신信사使가可부復

그가 고개를 주억거렸습니다.

동사나 부사의 경우 이해가 빠른데

고유명사는 발음이 매우 독특하지요.

내가 써달라고 하는데

그는 이미 펜을 꺼내 쓰고 있었습니다.

백사가락百事可樂

가구가락可口可樂

나는 옆에서 중얼거렸습니다.

백사가락 : 온갖 일이 즐겁게

가구가락 : 입에 맞게 즐겁게

빠이시 컬러baishi-kele

커커우 컬러kecou-kele

의미로 보아서는 어느 것이나 다 좋게 느껴졌습니다.

그런데 이게 무슨 뜻일까요?

아무리 이리저리 궁리해 보아도

컬러可樂Kele는 이름씨인 듯싶은데

빠이시百事와 커커우可口는?

떵위엔칭은 이 내용을

이미 여러 차례 써먹은 듯싶었습니다.

한문 문화권에 있는 한국인이나
일본인을 테스트한 게 틀림없습니다.
그러니 우리가 한문 좀 안다 해도
정작 한문의 본고장 중국에서
의사가 소통되지 않는다면
아! 이를 어쩌란 말입니까?

세계적으로 너무나 많이 알려진 분
공자孔子도 정작 그의 모국에서
'공자Gongja'로 발음해서는
전혀 통하지 않는다는 것입니다.
가령 중국 사람이 나를 찾아와
내 주위 사람들에게
'똥펑스님, 똥펑스님' 하고 부르면
똥폼이나 잡는 스님으로 알지
어떻게 '나' 동봉東峰인 줄 알겠느냐고요.

우리가 한문을 익힐 때
홀로이름씨固有名詞만큼은
기본적으로 2가지 이상을 요합니다.
첫째. 우리 발음으로 읽을 줄 알아야
우리나라에서 소통이 될 것이고

둘째. 중국 발음으로 읽을 줄 알아야
중국에서 소통이 되는 까닭입니다.

가령 필리핀the Philippine을 놓고
중국에서는 비율빈比律賓이라 하여
페이뤼빈Feilubin菲律宾으로 읽습니다.
우린 어떻게 발음하나요.
그렇습니다. 비율빈이라 읽습니다.

'필리핀'이란 우리말 표기가 있는데
중국인의 음역을 그대로 가져다
다시 우리 한문 발음으로 읽어
천하의 '고아 언어'로 만들어버립니다.
'프랑스'라는 우리 한글 표기 두고
중국인의 음역인 휘란쓰佛蘭西를
그대로 우리 한문 발음으로 읽어간다면
정작 중국인들도 알아듣지 못합니다.

어떤 소리도 거의 완벽하게 표기가 가능한
우리 아름답고 멋진 한글을 놓아두고
어찌하여 중국어 음역 표기를 가져다
그나마 중국어 발음으로 읽는 것도 아니고

우리 한문 발음으로 읽는단 말입니까?
일본의 고유명사 대판大阪을 오오사까로 읽고
북해도北海道를 홋카이도로 읽고
중중근中曾根은 나까소네로 읽으면서
어찌하여 중국의 고유명사는
우리의 한문 발음으로 읽는 것인지요.

다시 떵위앤칭 얘기로 돌아갑니다.
음료 가게 앞에서 나는 뻥 터졌습니다.
백사가락은 펩시콜라고
가구가락은 코카콜라였습니다.
백사가락과 펩시콜라는 발음에 거리가 있고
가구가락과 코카콜라도 거리가 있는데
이는 우리 발음으로 읽는 까닭입니다.

빠이시 컬러와 펩시콜라
커커우 컬러와 코카콜라
어떤가요. 발음이 비슷하지 않나요?
표기만 놓고도 이처럼 비슷한데
게다가 중국인의 억양으로 발음하면
거의 원어에 가깝습니다.
아, 트렌슬레이션Translation이여!

좋은 번역의 아름다움이여!

펩시콜라Pepsi-Cola/Pepsi를
빠이시 컬러百事可乐로 옮기다니
코카콜라Coca-Cola/Coke에서
커커우 컬러可口可乐를 생각해내다니
같은 소릿값을 지닌 글자 중에서도
거기에 어울리는 글자를 배열한 걸 보면
번역하는 이들의 재치가 참으로 놀랍습니다.
톡 쏘는 맛이 느껴지지 않습니까?
옮긴이에게 보내는 최고 찬사가 조금도 아깝지 않습니다.

나는 이를 다시 '온갖 일이 즐겁게'
'입에 맞게 즐겁게'라고 옮기기는 했습니다만~
나는 웃으며 얘기했지요
"오케이, 워 야요 쩌거 빠이시 컬러"
OK, 我要這個 百事可樂!
오케이, 난 펩시콜라!

나는 7박 8일 뒤 귀국했고
미스터 떵과의 교류는 꽤 오랫동안 지속되었습니다.
듬성듬성한 데다 뻐드렁니로 싱그레 웃던

그의 미소가 지금도 그립습니다.

어디나 참 멋진 택시 기사들이 있지요.
그 나라 문화의 훌륭한 전법사들입니다.
나는 그 뒤로부터 펩시나 코카를 보면
늘 '미스터 떵'을 떠올립니다.
'옳을 가可' 자를 볼 때도 그렇고요.

0185 믿을 신

信

인변亻에 말씀 언言 자 믿을 신信입니다.
사람亻 말言에는 반드시 믿음信이 있어야 합니다.
사람인변亻에 입 구口를 쓴 '믿을 신㐰'
말씀언변言에 마음 심心을 쓴 '믿을 신' 訫訡
아들 자子 밑에 마음 심心을 붙인 게
모두 '믿을 신孞'자입니다.

'불전예배십종공덕'이 있습니다.

부처님께 예배하면 열 가지 공덕이 됩니다.
우리절《법요집》144~145쪽에
내가 사언절로 옮겨 올렸습니다.

거룩하신 부처님께 두손모아 마음모아
예배하는 공덕으로 열가지를 열거하매
첫째로는 묘색신을 획득하는 공덕이고
둘째로는 내는말을 남이믿는 공덕이고

셋째로는 대중속에 공포없는 공덕이고
넷째로는 부처님이 호념하는 공덕이고
다섯째는 큰위의를 모두갖춘 공덕이고
여섯째는 많은사람 친근하는 공덕이고

일곱째는 모든하늘 예경하는 공덕이고
여덟째는 큰복덕을 모두갖춘 공덕이고
아홉째는 명마친뒤 왕생하는 공덕이고
열째로는 속히열반 증득하는 공덕이라

여기서 둘째 공덕이 곧 '사람의 말에 대한 믿음'입니다.
내가 내놓는 말을 남이 믿어주는 것
이보다 소중한 게 또 뭐가 있겠습니까.

말로만 "믿습니까?"를 강요할 게 아니라
왜 믿어야 하는지가 중요합니다.
어떻게 믿게 할지 중요하고요.
그렇습니다.
믿음信이란 말言이며 말은 사람亻에게서 나옵니다.

0186 부릴 사

경제사회발전노사정위원회, 이는 정부 산하기관입니다
대통령 소속의 자문위원회지요.
그만큼 중요하다는 것입니다.

사使는 '부릴 사'로 새기듯 사용자使用者의 뜻입니다.
한문은 똑같습니다만 일상적인 용어 '사용자'가 아닙니다.

'하여금 사'로 새기기도 하는데
필요한 사람에게 일자리를 제공하고
그에 맞는 임금을 지불하는 이를

우리는 보통 사용자, 고용주라고 합니다.

이에 대해 고용된 사람으로 사용자를 위해 일하고
품삯을 받는 자가 곧 노동자지요.
품팔 고雇 품팔 용傭의 고용자입니다.
인간은 사회적 동물이라 했습니다.
인간 역사는 사용자와 노동자의 역사입니다.
이 두 부류는 언제나 잘 다툽니다.
다툴 수밖에 없지요.
이권이 걸려 있고 생존이 걸려 있기 때문입니다.

그러기에 수천 년 전에도 그랬듯이
정부가 중개역을 맡을 수밖에요.
어떤 때는 정부 개입이
좀 지나치다는 생각이 들기도 합니다.
본디 정부는 조정자일 뿐
어느 한쪽만을 두둔하면 안 되거든요.
그러나 그래도 가능하다면
갑보다는 을을 더 생각하길 바랍니다.
정부의 개입 없이 노사관계가 잘 풀린다면
이보다 멋진 일은 없을 것입니다.

可

삶이 가로ㅡ로 막히고 세로ㅣ로 막혔다가 툭 터질 때
사람은 입口으로 큰 숨을 내쉽니다.
입 구口자도 가로와 세로로 그려졌지요?
이때 사람은 기뻐서 얘기합니다. "옳다. 살았다."라고요.
여기서 나온 글자가 '카可'입니다.

막혔던 말문이 터져 나올 때 "커可Ke"입니다.
우리 발음은 "카可Ka"가 되겠군요.

말문이 트이고 나니 일상적인 말을 뛰어넘어
노래歌로까지 이어집니다.
가歌와 가哥도 같은 가可입니다.

0188 덮을 복

覆

덮을 아襾 아래 다시 부復가 붙어

덮을 복覆 자가 되었는데 덮을 아襾는 그물罒의 뜻입니다.

'덮을 복'이고 '회복할 복'이지요.

새길 때만이 아니라 읽을 때도

때로는 '복'으로 읽고 때로는 '부'로 읽습니다.

'다시 부' '덮을 복'이 되기도 하고

'다시 복' '덮을 부'로 읽기도 하니까요.

명심보감에 이런 말이 있습니다.

"의심 가는 사람은 쓰지 말고

사람을 쓰거든 의심치 말라."고요.

의인막용 疑人莫用하고 용인물의 用人勿疑하라.

시나브로 '벗꽃 소녀'가 그립습니다.

<048>

신信사使가可복覆
기器욕欲난難량量

0189 **그릇 기**器

0190 **하고자 할 욕**欲

0191 **어려울 난**難

0192 **헤아릴 량**量

신뢰할수 있는일은 되풀이하고
마음그릇 헤아리기 어렵게하라

슬기로우신 서가모니 부처님이시여!

수신修身의 그릇 하나 만드옵니다.

제 업장을 다 담을 수 있는

마음의 그릇 하나 만드옵니다.

다겁생에 걸쳐 지은 업장을

남김없이 담을 수 있는 그릇입니다.

어느 누구 어느 생명에게도

어디 열리고 어디 닫힌 공간도

언제 흐르는 시간도 오염시키지 않을

그릇을 만드옵니다.

제가 지은 업장의 무게가

다른 이의 영혼을 짓누르지 않도록

제가 지은 업장의 냄새가

다른 이의 코를 자극하지 않도록

제가 지은 업장의 소음이

다른 이의 귀를 어지럽히지 않도록

제가 지은 업장의 빛깔이

남의 시야를 혼란스럽지 않도록

밀봉의 마음 그릇 하나 만드나이다.

제가 지은 업장이 다른 이에게 전이되지 않게

제대로 만들어진 그릇을 원하나이다.

<048> 기욕少欲난雜란量

자애가 충만하신 관세음보살이시여!
제가濟家의 그릇 하나 만드옵니다.
소중한 저희 가족이 함께 살아갈
사랑과 행복의 그릇을 만드나이다.
혹여라도 삶의 질곡 속에서
목울음을 우는 가족이 있을 때
때로 눈물을 닦아주는 가족이 되고
때로는 부둥켜안고 함께 울어 줄
사랑이 가득한 그릇, 그런 그릇을 저희는 만드옵니다.

한몸 한마음 한사랑 지장보살이시여!
치국治國의 그릇 하나 만드나이다.
가정의 행복을 담고 이웃의 웃음을 담고
직장과 사회의 소통을 담겠나이다.
경제가 살아 펄쩍펄쩍 뛰는 모두 잘 사는 사회
모두가 여유롭게 사는 소통의 그릇
지금은 국민이 주인이지요.
국가 주인의 한 사람으로서
삼가 소통의 그릇을 만드나이다.

맑고 깨끗한 법신 비로자나불이시여!
세상의 생명 다 함께 살아갈 터

세상 그릇器世間 하나 만드옵니다.
시간으로 날줄을 삼고 공간으로 씨줄을 삼아
사이사이 공동번영의 세포로서
아름답게 자개를 박아넣은 그릇입니다.
이 세상 평천하平天下의 그릇입니다.

자비와 원력으로 슬기와 사랑과 행복으로 만든 그릇을
보이지 않는 공덕의 보자기로 싸서
부처님 전에 고이 올리나이다.
서가모니 부처님이시여
관세음보살이시여
지장보살이시여
비로자나 부처님이시여
저희의 그릇 공양을 받으시옵소서.

0189 그릇 기

그릇 기器 자는 바리때에서 왔습니다.

바리때는 4개 1조로 된 스님들의 밥그릇食器입니다.
다른 말로 응량기應量器라고 하는데
이는 '양 맞춤 그릇' 의 뜻입니다.
북방 불교 중 중국과 우리나라 그리고
이웃 일본 불교는 4개 1조 바리때 양식이 맞습니다.

타일랜드 미얀마 등 남방 불교는 큰 바리때 하나뿐이지요.
4개 1조 바리때를 얘기했다가
후배에게 봉변을 당할 뻔했습니다.
한국 불교에서 쓰는 바리때가
결코 정통이 아니라는 것입니다.
한국 불교는 정통 불교에서 바라보면
이단이나 마찬가지라며
밀어붙이는 데는 두 손을 들 수밖에요.

이른바 문화라는 것은
획일화되어서도 안 될 일이지만
획일화될 수가 없습니다.
부처님 당시의 인도 사회와 문화를
고스란히 가져올 수 없는 경우의 수數를
우리는 계산하지 않을 수 없습니다.

<048> 기룸욕없난難란룸

스리랑카the Republic of Sri Lanka

말레이시아the Federation of Malaysia

미얀마the Union of Myanmar

타일랜드the Kingdom of Thailand

라오스the Laotian Kingdom

캄보디아Cambodia로

베트남the Social Republic of Vietnam

인도네시아the Republic of Indonesia

필리핀the Republic of the Philippines

싱가포르Singapore로 전해진 불교를

우리는 보통 남방 불교라 칭합니다.

세계의 지붕 히말라야와

티엔산天山 산맥을 넘고 또 넘어

추운 북쪽으로 전해진 북방 불교—

전해지는 그 모든 과정에서

그 지역의 기후와 풍토와 문화를

반영하지 않을 수 없습니다.

남방 불교는 인도의 기후와 닮아 있지요.

따라서 전해지는 과정에서

특별한 변이를 일으키지 않았습니다.

중국 문화와 인도 문화는
히말라야라는 거대한 산맥으로 인하여
완벽하게 다를 수밖에 없습니다.
남방 불교와 북방 불교는 다릅니다.
아프리카 대륙이 사하라 사막을 경계로
중동 문화와 아프리카 문화가 갈리지요.

땅덩어리는 분명 아프리카 대륙인데
사하라 사막이 워낙 크다 보니까
같은 대륙이면서도 사하라 북쪽의 이슬람 문화와
사하라 남쪽의 기독교 문화는
완전히 다르다고 보면 틀림없습니다.
바로 이러한 점 때문에
신라 혜초 스님은 말할 것도 없고
중국의 삼장법사 쉬앤짱玄奘 등을
존경할 수밖에 없습니다.

그야말로 목숨을 건 구법행이었지요.
황정민 주연의 영화《히말라야》를 보면서
저토록 험하고 험준한 산을 넘어
불법을 구하러 갔던 큰스님들을
다시 생각하게 되었습니다.

<048> 기욕난량 氣欲難量

이런 일련의 문화와 역사를 접어두고

중국 불교 한국 불교를 이단이라고요?

정통 불교가 못 된다고요?

비행기로 몇 시간 만에 날아가서

몇 년간 남방 불교 좀 하고 돌아와

고작 한다고 하는 말이

2천 년 북방 불교를 이단이라고요?

요즘은 명상이 대세입니다.

천 년 넘은 한국의 간화선 불교가

남방 불교 초기불교에 의해

제대로 불교 대접을 받지 못합니다.

남방 불교에서 공부한 일부 스님들은 한국 불교에서

4~50년 참구한 종사나 대종사를 뵈어도

큰절은 고사하고 합장도 안 합니다.

한국에서 삭발 출가한 뒤

남방에서 위빠사나를 배우고 오면

마치 조상에게 예를 갖추던 사람이

교회에 나가면서 깡그리 우상으로 치부하여

제사도 절도 하지 않듯 말입니다.

심지어 은사 스님을 뵙고도 큰절하지 않습니다.

남방 불교의 눈으로 보면
한국 스님들은 스님도 아니니까요.

이런 사조가 신도들에게도 미칩니다.
한국의 고승인 노스승과
미얀마와 타일랜드에서 공부한
어린 제자가 한자리에 앉았는데
신도들이 제자에게는 큰절을 올리되
스승에게는 합장으로 끝냅니다.

그런데 더 가관인 것은
스승 앞에서 불자들에게 큰절을 받으며
스승에게 절하지 않는 불자들이
너무나 당연한 듯한다는 것이지요.

<048> 기꾸 욕欲난 難랑룰

내가 너무 과격하다고요? 그럴 수도 있습니다.
4개 1조 바리때를 정통이 아니라며
린치를 가하기 직전까지 갔던
나의 30년 후배를 생각하면
내 개인적 위협이 문제가 아닙니다.

문화를 읽어내는 코드Code부터

제대로 익히지 않으면 교회에게 조상을 빼앗기듯

남방 불교에게 우리의 선종 문화를

송두리째 내주어야 한다는 것입니다.

법고창신法古創新이 요구됩니다.

그릇 기器의 4개의 그릇은

불교에서 왔다고 앞서 언급했습니다.

이를 나는 수신, 제가, 치국, 평천하로

사서 중《따쉬에大學》에 나오는

군자君子의 덕목으로 풀었습니다.

4개 1조 바리때에 담긴 뜻을 다시 볼까요.

첫째는 믿음信이고

둘째는 이해解며

셋째는 실천行이고

넷째는 궁극證이라 할 것입니다.

또한 바리때에 먹을 음식을 받으며

잊지 말아야 할 덕목이 있으니

네 가지 믿음입니다.

첫째는 부처를 믿음信佛寶이고

둘째는 교리를 믿음信法寶이며

셋째는 승단을 믿음信僧寶이고
넷째는 진여를 믿음信眞如이지요.

장인 공工이 들어간 그릇 기器 자는
장인이 작품을 다듬듯
음식을 통해 몸의 건강을 챙기고
마음을 잘 다듬으라는 의미입니다.
그리고 개 견犬이 들어간 그릇 기器 자는
개도 음식을 나누어 먹는데
하물며 도업을 닦는 수행자이겠는가.
하는 뜻이 담겨 있습니다.

0190 하고자 할 욕

'하고자 할 욕'은 '바랄 욕'입니다.
왼쪽의 골짜기 곡谷 자는 여성입니다.
위의 여덟 팔八 자는 두 팔이고
아래 여덟 팔八 자는 두 다리며

맨 아래 입 구口 자는 생식기입니다.
골짜기谷를 여성이라 함은
라오즈의《타오더징道德經》에서
라오즈가 이미 언급한 그런 설이지요.

그리고 오른쪽 하품 흠欠 자는
'모자랄 결'이라고도 새기는데
늘 부족함을 느낀다는 뜻입니다.
곧 골짜기를 가득 채운다 하더라도
언제나 갈증을 느끼는 게
다름 아닌 욕망이란 뜻입니다.
하고자 할 욕欲 자와 욕심 욕慾 자는
같이 쓰이는 경우가 있는데
하고자 하는 것도 마음의 세계이고
욕심의 세계도 하고자 하는 것이니까요.

0191 어려울 난

難

새 추隹 자에 뜻이 들어 있고
생략형 탄嘆은 소릿값에 해당합니다.
새가 뻘에 빠져 허우적댄다는 뜻으로
쉽지 않음, 어려움을 표현함이지요.

0192 헤아릴 량

量

부수는 마을 리里 자입니다.
리里 위의 아침 단旦 자에서 보듯
지루하게 이어지던 장마 끝에
날이 개고 마을에 햇살이 들게 되면
마을 사람들 일손이 바빠집니다.
따라서 눈코 뜰 새 없이 바쁘다는 뜻이며

이럴 때일수록 잘 헤아리라는 것이지요.

마을里의 외형적 구성은 논밭田과 대지土로 되어 있습니다.
농사를 짓는 데 있어서 일차적으로 논밭이 있어야 하고
햇볕이 잘 들어야 하겠지요.
벌써 7~8년 전의 일인데 겨우 바리때 문제 하나 때문에
신경이 날카로워졌던 나는 아! 나는 어떤 그릇일까?

동봉스님의 천자문 공부 2권

발행   2023년 6월

지은이   동봉 스님

펴낸곳   도서출판 도반
펴낸이   김광호
편집   김광호(월암), 이상미(다라), 최명숙
대표전화   031-983-1285
이메일   dobanbooks@naver.com
홈페이지   http://dobanbooks.co.kr
주소   경기도 김포시 고촌읍 신곡리 1168